L

L'ÉMIGRATION

INDEMNISÉE

PAR L'ANCIEN RÉGIME

ET DEPUIS LA RESTAURATION ;

Par ISIDORE LEBRUN.

> Puisse le bon Monarque, qu'il est inutile de nommer, ne jamais oublier cette importante maxime de Montesquieu : « Que la Cour est l'ennemie née du royaume ; que l'une est insatiable et que l'autre n'est pas inépuisable ! »
>
> FRANKLIN, *Lett.*

PARIS.

DELAUNAY, LIBRAIRE,

PALAIS-ROYAL, GALERIES DE BOIS ;

MONGIE AINÉ, LIBRAIRE,

BOULEVARD DES ITALIENS, N° 10.

1825.

DE L'IMPRIMERIE DE FEUGUERAY,
RUE DU CLOÎTRE SAINT-BENOÎT, Nº 4.

L'ÉMIGRATION

INDEMNISÉE.

INTRODUCTION.

Pouvoir *absolu*, *Censure*, *Police* sont les mots d'ordre donnés par la Sainte-Alliance ; les progrès des lumières l'effraient ; ses armées innombrables ne la rassurent pas contre la liberté : il lui faut des Aristocraties. Un trône de notre vieille Europe, entraîné dans un torrent révolutionnaire, serait-il raffermi par une Constitution libérale, des Castes, dispersées, se montreraient impatientes de ressaisir leur antique puissance. Mais le peuple a été le plus malheureux... Pourquoi a-t-il brisé le double joug que ses pères avaient constamment porté?... Il s'est élevé au plus haut degré de la civilisation... Et bien, on l'abusera par quelques faux-semblans de libertés, pour le priver de celles mêmes dont il jouissait dans le régime ancien ; de l'Instruction publique on fera un monopole clérical, pour le profit d'une congrégation proscrite et envahissante ; des disgraces infligées à des hommes supérieurs feront des autres un troupeau d'adulateurs ; son industrie sera incessamment contrainte, et le Fisc s'emparera des richesses que lui laisseraient encore le commerce languissant, l'agriculture désolée. Une chose suffit, le Privilége. Que pourrait le gouvernement représentatif? Autrefois le privilége n'abaissa-t-il pas la puissance royale? C'est assez de ses traditions; et elles revivent plus ardentes. S'emparer des emplois publics sera donc la première entreprise : on exigera, on ne sollicitera point des dédommagemens : on se plaindra de ses misères en insultant par le faste à la misère de ce peuple : de la fidélité, de l'exil volontaire, même de la guerre civile, on se fera des priviléges. Quel sort fut jamais plus prospère pour les Castes ! Désormais il ne leur faut plus soutenir leur puissance par les armes, se fatiguer en intrigues, raffiner la dépravation ni ramper aux pieds de la faveur. Leurs propriétés, qui déjà absorbent une grande partie de cet État, s'accroîtront encore par des dédommagemens immenses, mais qui, en apparence, n'étant point complets, pourront toujours se renouveler. L'ancienne centralisation des terres ainsi rétablie, le peuple redeviendra prolétaire : voilà contre la Démocratie. Fortes du droit de la naissance, du pouvoir sacerdotal, de leurs richesses, ces Castes, maîtresses de toute l'administration, domineront le Gouvernement : voilà contre la Monarchie. Et l'Olygarchie aura sa restauration.

Espérons, pour la France, pour la royauté, pour la civilisation universelle, que cette politique ne prévaudra pas. Parvint-elle à comprimer l'esprit public, l'empire des préjugés a été ruiné par la raison, la morale a détrôné la superstition; les attentats des Castes sont trop connus, et ce ne sont pas ceux qui ont versé leur sang pour la défense de leur patrie, que l'histoire a frappés de réprobation. Cependant la France, dont les siècles racontent les malheurs, a recouvré à peine une constitution vieille comme sa monarchie, et l'on agite une question immense, qui oblige d'interroger le passé accusateur. Partout s'aperçoivent encore les traces odieuses des priviléges, et on entreprend de rétablir le plus insupportable, injuste et outrageant dans sa cause, désastreux par ses effets.

Indemniser les Émigrés est un principe adopté par le
Ministère. Il a écouté leurs regrets, sondé leurs malheurs
et non ceux de l'Etat, il va satisfaire leurs intérêts. Ce
projet est l'œuvre de dix années de manœuvres secrètes; enfin il fait explosion. L'Emigration ! Déjà on a
célébré son dévouement : cause noble, infortunes inouïes,
spoliations, réparations nécessaires, intégrales, voilà les
grands mots de la cupidité, de l'orgueil, et que répètent
des fonctionnaires contraints de tout approuver, et des gens
qui prétendent exercer à leur tour des revendications que
le chef de l'Eglise a réprouvées. Mais c'est le peuple français qui doit payer les indemnités. Toutes les mesures sont
prises, mais seulement pour qu'il paye, et pour qu'il
ne soit pas convaincu. Comment, en effet, lui persuader
jamais que l'honneur national s'exila, qu'il ne resta
dans l'intérieur que des spoliateurs, des rebelles et des
bourreaux?

Contraindre une nation de plus de trente millions d'individus à compter des indemnités à quelques milliers de
ses citoyens, est une entreprise inouie, sans exemple
dans les Républiques, et dans les Etats constitutionnels
ou despotiques. Cette nation est donc bien coupable,
puisqu'une semblable expiation lui est imposée : elle
fut donc vaincue, puisqu'on la rançonne? Quels ont
donc été les services, quels sont donc les droits d'une
minorité si exigue?

Non, la France ne fut pas vaincue. Un corps de
quinze mille hommes, qui n'étaient pas des étrangers, faisait partie d'une armée ennemie qui menaçait les Français de la mort, de la confiscation de leurs biens, de la
ruine de leurs villes, lorsque Jemmapes commença une
ère de victoires dont aucune autre nation ne peut s'honorer. Depuis des siècles, le despotisme, une administration corrompue, la rapacité des courtisans, les priviléges et les usurpations des castes provoquaient une révo-

lution. Etait-il possible qu'un grand peuple esclave, misérable si long-temps, irrité en outre par les résistances
qu'on opposait à sa régénération, ne rompît pas ses fers
avec violence ? Il est contraint de recourir aux armes ; et
les Paladins, auxiliaires de l'étranger, comparent les gardes
nationales aux esclaves révoltés que Spartacus conduisait
aux combats. Le peuple commit des excès ; des émeutes
et des insurrections n'attestent pas seulement quelles furent ses fureurs : mais Coblentz et Turin, le comtat d'A-
vignon, le Vivarais, le Poitou, Paris furent principalement les théâtres des intrigues et des fureurs d'un parti
qui sema la division dans l'armée, la discorde dans les
provinces.

Les services de l'Emigration ! Ah ! elle n'a garde de se
montrer à notre génération telle que la virent nos pères,
d'avouer les passions qui l'animaient, de confesser ses
projets : elle n'oserait pas justifier toutes ses actions. Ce
fut Pilnitz qui décida de la chute du trône français. Le
régime de la Terreur manquait aux Anarchistes, sans la
fuite spontanée et menaçante de ceux qui se vantaient de
composer les premiers Ordres de l'Etat. Il serait injuste
de dire que la hache révolutionnaire fut aiguisée sur les
bords du Rhin et dans la Vendée ; mais l'histoire attes-
tera, pour l'instruction de la postérité, que la guerre civile, et peut-être la guerre étrangère n'auraient pas, sans
l'Emigration, inondé de sang la France, qui, libre, déclara aussitôt la paix à tous les peuples. Et les gouvernemens directorial et consulaire ont prouvé que des factions
ennemies peuvent se calmer dans une république. Plus
sage que ses imprudens apologistes, c'est en versant
des larmes que l'Emigration lit et doit relire, dans le testament de Louis XVI, non la malédiction dont la vengeance divine poursuivit l'auteur du premier meurtre, mais
ces paroles du pardon le plus généreux : « Je pardonne
de tout mon cœur, et je prie Dieu de pardonner à ceux

qui, par un faux zèle mal entendu, m'ont fait beaucoup de mal. »

C'est sous l'égide sacrée du malheur que se présente l'Emigration ; et c'est en France, au milieu de la nation la plus généreuse. Tous s'affligent de ses infortunes, tous admirent le dévouement de quelques centaines de ses membres, qui, sans craindre un avenir terrible, firent à leur opinion le sacrifice de leur fortune, même de leur patrie. Plût à Dieu que ces Émigrés, si peu nombreux, eussent été les seules victimes de notre révolution ! le jour de leur retour aurait vu la fin de tous leurs maux. Mais nous avons tous subi les effets désastreux de l'émigration, funeste à elle-même et à l'ennemi qui la prit à sa solde : il répugne de l'accuser d'être cause de nos malheurs ; c'est trop d'avoir à regretter les chances heureuses qu'offrait son retour, dans une patrie qui la rappelait. Par-delà cette révolution vécurent trente générations qui ne se transmirent que des fers ; et nous, leurs descendans, nous aurions à compter des indemnités sur les débris de leurs chaînes ! Il existerait aussi un privilége de l'infortune ! Coblentz touche à nos frontières ; une rivière, moins que cela, une limite suffirait-elle pour conférer à ceux qui la franchirent volontairement le droit de forcer à payer ces indemnités les Français restés sur le sol de la patrie, les conservateurs de nos mœurs, de notre esprit national, les gardiens de nos arts et de notre industrie ; les Français qui furent ruinés par le papier-monnaie, le Maximum, les décevantes liquidations, que décimèrent la guerre civile et le règne de la terreur ; les Français privés de leurs enfans, de leurs frères, de leurs pères jetés par le génie des conquêtes sous des climats lointains et mortels, et qui subirent ensuite les ravages de deux invasions ? Est-ce que 1790 serait une Hégire ?

Le banni qui, d'un rivage bordé de rochers, aperçoit

un vaisseau jouet de la tempête, ne se croit pas le plus malheureux des hommes. A la manière dont les Français restés dans l'intérieur et les Français émigrés ont réparé leurs pertes, on peut juger pour qui elles furent les plus accablantes. L'ex-seigneur, aujourd'hui habitant un château moderne et somptueux, étale les ruines de celui de ses pères, qui tomba dans la révolution ; mais le manufacturier peut montrer ses ateliers déserts depuis le Maximum, le laboureur les ravages de la Chouanerie, et le colon de Saint-Domingue n'a pas même des cendres de ses habitations. L'Émigré énumère ses anciennes pensions et les confiscations qu'il a subies ; et jamais il n'avouera que, vaincu dans la lutte qu'il entreprit de soutenir contre la nation affranchie, il dédaigna la voix de la patrie, qui l'avertissait des peines dont sa désobéissance serait châtiée ; tandis que le rentier, le propriétaire d'office ont tout perdu, même la liberté. Le noble cite les noms de ses parens et de ses amis tués sur l'échafaud : que son orgueil ait insulté, par le titre de *communs*, aux roturiers entraînés dans une cause qui n'était que celle des castes, peut-être ce noble ne prétend-il plus exhumer de tombes qui ont reçu bien plus de plébéiens que de patriciens, des ossemens privilégiés ; mais le bourgeois, frappé tant de fois dans les siens, cache ses douleurs, et il se console par les bienfaits d'une révolution qui, seule, a pu rendre à tout citoyen ses droits et la dignité de l'homme.

Pourquoi contraint-on de remuer tant de malheurs ? La France commençait à jouir de l'union et de l'oubli, quand est lancé un projet d'indemnités qui ne peut récompenser sans punir, soulager sans irriter d'autres souffrances. S'il ne paraît point au milieu des éclairs, peut-il conjurer un tonnerre lointain ? Déjà bien des nuages l'obscurcissent ; mille difficultés l'environnent, et la discussion va amonceler les obstacles ; il porte autant de causes de mort qu'il contient de parties. Car ce n'est pas un traité de pacification, l'acte qui attaque les intérêts de tout un peuple pour satisfaire des intérêts individuels, et qui, dans ses articles isolés, combinés, recèle une épidémie de procès. Le présent, même l'avenir, réprouvent ce projet, et il est condamné par l'histoire.

Interrogeons donc le passé, et il nous dira qu'il était chargé depuis des siècles de la liquidation des indemnités qu'on exige. Avant nos discordes civiles, les trois ordres de l'État, nous dit-on, formaient une société paisible : ils devaient donc être soumis au moins à ce contrat que les Institutes définissent : *societas est contractus juris gentium nominatus*. A présent, la nation et l'émigration, long-temps divisées, se portent héritières de la révolution. Quelle succession leur est échue! L'une en conteste tous les bénéfices pour faire prévaloir ses pertes : l'autre démontre que celle-ci, délivrée de ses dettes, compte, comme pertes, des priviléges dont elle s'était injustement dotée; qu'elle doit s'imputer à elle seule ses autres pertes; et que, la plus riche, elle recueille, par les fonctions salariées, d'énormes dédommagemens qui s'accroissent chaque jour. La première étale les titres de ses propriétés confisquées; l'autre, forte de l'histoire et des réclamations de tant de générations opprimées, spoliées, prouve qu'une portion de ces titres est elle-même souillée de la confiscation, qu'une autre portion provient de la déprédation et de la faveur; et aux plaintes emphatiques de son adversaire elle oppose des misères constantes et inouïes. Certes, dans ce débat immense, la partie la plus forte serait trop fondée à se faire rendre des sommes énormes qu'elle a payées à l'autre sans les lui devoir; et cependant, toujours généreuse, elle propose la compensation qu'elle pourrait exiger. L'émigration, par son refus, prouverait qu'elle tient encore à ce principe de la féodalité : que le vassal n'était pas en droit d'opposer la compensation à son seigneur, parce que, outre les redevances, il y avait le *devoir* qu'on rendait en les acquittant (1).

Tous les titres des droits et des créances de la nation sont fournis par nos annales et par les chartriers des castes. Que racontent les âges de la féodalité? sinon des usurpations continuelles, les attentats des grands; sans respect pour l'humanité, ils tenaient asservie la royauté. On voit naître, s'accroître des fiefs immenses dont les démembrement sont des comtés, des seigneuries. Dans les temps postérieurs, si la tyrannie des grands opprime moins le peuple, ils s'enrichissent constamment de ses dépouilles; et factieux, ils conspirent pour se maintenir puissans. Mais sans remonter à des époques éloignées, il suffit bien d'interroger le xviiie siècle. Il nous dira comment la cour de Louis XIV vieillissant ne cessa de se gorger des richesses de l'État; combien elle exploita les persécutions religieuses; de quelles sources impures jaillirent des fortunes perdues depuis; quels services procuraient des pensions énormes que payait le peuple misérable; il nous montrera ce qu'était la noblesse, surtout quels profits elle retirait de ses priviléges; profits tels que dans un espace de soixante-dix ans ils indemniseraient intégralement de la perte de toute propriété. Et ces profits, c'était depuis l'origine des priviléges qu'ils s'amoncelaient dans les fortunes nobiliaires.

Souvent on se reportera, dans cet ouvrage, au com-

_____

(1) L'*Indemnité* est d'origine féodale. Impérieuse, elle exige la réparation rigoureuse d'une perte; elle se croit un droit, et refuse de rien recevoir, comme le *dédommagement*, de la bienveillance et de la pitié. Elle pesait sur les corps mains-mortables et profitait aux seigneurs. Demandée à présent pour une autre cause, le peuple qui serait contraint de la payer à perpétuité aux Émigrés, n'aurait pas même le répit de l'homme *vivant* et *mourant*, qui composait une des indemnités, une des servitudes féodales

mencement du xviiie siècle : ainsi placé comme sur les
confins de ce siècle et de celui qui l'a précédé, on aper-
cevra ce que furent les âges antérieurs ; et redescendant
ce même siècle, on reviendra aux époques de la révolution et de la restauration. Le terrain de l'Indemnité,
ainsi agrandi, devient immense ; mais il nous est permis
seulement de le jalonner. Cette cause, qui doit devenir
historique, abonde en moyens irréfragables en faveur
de la nation ; elle ne peut être restreinte à quelques années orageuses ; la puissance d'une discussion éloquente
des principes ne suffit pas ; pour être bien comprise, bien
jugée par tous, elle veut encore des preuves, des faits. Ce
sont aussi des faits que nous rapporterons. Ils sont nombreux, de toutes les espèces : on en a omis beaucoup
d'autres plus ou moins connus. Tous sont historiques ;
ils sont tirés des Mémoires, des Correspondances, des
Journaux et autres écrits du xviiie siècle : le respect
pour les mœurs a interdit de profiter des preuves les plus
convaincantes. Le Ministère devrait produire la liste des
prétendans à l'indemnité ; mais il connaît les mystères
des *livres rouges*, les ressources de nouveaux *acquis
du comptant*. Comparant cette liste avec celle de l'É-
migration, on verrait que le projet des Indemnités n'est
pas conçu au profit de ces fossoyeurs et valets de moulin qui figurent au nombre des Emigrés ; on saurait trop
bien que les plus forts indemnisés seraient les descendans des Grands de la féodalité et des Favoris des cours.
Nous avons essayé d'y suppléer en partie, en regrettant
souvent d'avoir l'obligation de citer des noms qui ne
furent pas sans illustration ; mais des preuves de ce genre
privées de noms propres sont sans force, et les faits en
peuvent être contestés. Loin de nous l'intention de chercher à offenser des familles que le malheur, eût-il été
mérité, a rendues respectables. Puissent-elles apporter le
moins de partialité dans l'affaire immense des Indemnités!

CHAPITRE PREMIER.

De la Compétence des deux Chambres.

Les Indemnités en faveur de l'Emigration promettent aux gens d'affaires de nouvelles spéculations ; au Clergé, des récompenses de ses efforts et des gages de ses dotations futures ; à l'Aristocratie, des sources de richesses et de puissance. Au-dessus de ces intérêts, qui ne se déguisent plus, s'élèvent l'intérêt public, qui invoque la Charte, la justice, qui est la première dette du trône, la patrie, qui réclame ses droits et son honneur. L'argent n'est plus l'objet essentiel : la gloire industrielle, la gloire militaire sont mises en cause : c'est un procès tout national.

Mais quelle est la position respective des parties ? L'Émigration, à défaut du droit, de l'opinion publique, a le pouvoir et elle accuse. Depuis dix ans on a travaillé constamment à tourmenter les consciences, à épouvanter les intérêts. Un parti, irrité de n'avoir pu enserrer dans ses intrigues compliquées les fortunes du tiers des citoyens, exige que le trésor public soit son tributaire. Pour mieux s'assurer du succès, il a poussé un *hourra* ; tous les postes de l'administration ont été enlevés ; il s'est établi dans les finances, dans les commandemens militaires. Plusieurs porte-feuilles ont été atteints ; le Clergé en a saisi un pour se reconstituer Corps principal dans l'Etat. Les Émigrés, et les Rentrans, et une autre espèce d'*associés dormans* (*spleeping partners*), ont jeté un dévolu chacun sur un emploi, sur plusieurs emplois. Les charges publiques sont devenues des bénéfices : la délation s'est

acharnée sur la probité, l'impéritie a poursuivi le talent,
l'intrigue a conquis les récompenses des services. Ceux
qui s'étaient dispersés en Europe et par-delà, ont marché
en rang serrés sous les bannières du Jésuitisme ; et, oc-
cupant les sommités de l'État, ils ont comprimé les libertés qui naissaient à peine de la Charte (1).

Jamais juges ne durent être plus impartiaux que ceux
qui ont à prononcer sur ce procès qu'attend l'histoire.
L'Administration ne peut en connaître ; c'est déjà trop
qu'elle y apporte son influence. Nos Codes n'offrent point
de moyens de décision aux Cours royales ; et des avocats
qui se respectent n'oseraient pas soutenir que la Charte
ait voulu et pu comprendre, parmi les propriétés que réclame en indemnisant l'utilité publique, les biens confisqués sur l'Émigration volontaire et hostile. Sera-ce donc
un Jury national ? Il est de l'essence de tout jury d'être
indépendant, choisi librement, sujet à des récusations,
exempt de tout intérêt. Mais si le Ministère, qui a tout fait
contre une des parties contendantes, et que l'autre semble
harceler pour déguiser son pouvoir sur lui, a commandé
violemment, a enlevé par supercherie l'élection de ce jury ;
si les jurés sont liés par la parenté, par la même opinion politique avec cette partie déjà tant favorisée ; bien
plus, s'ils ont un intérêt direct, tout personnel dans l'affaire, sans que la récusation soit possible contre eux ;
enfin si étrangers à l'Indemnité, d'autres jurés, selon que
leur avis serait contraire ou favorable, avaient à craindre
des disgrâces ou à espérer des honneurs et des richesses
pour eux et pour leurs familles, un semblable jury, on
le demande, pourrait-il s'appeler même une *Commission*?
L'adoption du projet des Indemnités ne serait pas dou-

---

(1) L'auteur des *Lettres provinciales* a exposé ainsi l'art de composer
des majorités : « Nous ferons venir (en Sorbonne) tant de Cordeliers, tant
de Cordeliers, que nous l'emporterons, parce que (dit le père) il est
plus aisé de trouver des Cordeliers que des raisons. »

teuse; elle vaudrait de l'argent, beaucoup d'argent, à un grand nombre de ces jurés dont les bulletins se transformeraient dans l'urne en de forts coupons de rente; aux complaisans imperturbablement ministériels, tous les droits à la reconnaissance et du Ministère présent et des Ministères futurs; à tous enfin l'assurance de leur réélection pour d'autres affaires.

La partie qui aurait succombé dans cette instance, traduite devant un jury supérieur, ne pourrait se promettre de succès, qu'autant que les membres de ce jury n'appartiendraient point, par leur institution même, à son adversaire, qu'autant que la majorité n'aurait pas aussi à prononcer sur ses intérêts propres. Pour que ce jury fût plus indépendant, il faudrait qu'il fût préservé contre le Ministère par l'esprit de corps : et de combien d'erreurs, d'intérêts secrets cet esprit n'est-il pas la source! Combien de fois, dans les temps passés, la cause populaire n'a-t-elle pas succombé devant la haute magistrature au profit de la seconde magistrature qui la suit, dont elle renforce ses rangs, et à laquelle elle tient par tous les liens sociaux et politiques!

Mais il ne s'agit pas de jury. Les Chambres législatives vont être saisies du projet des Indemnités. Ils sont heureusement loin de nous ces temps horribles où une sorte de patriotisme frénétique, luttant contre l'Europe armée, accomplit le projet parricide de s'indemniser du sang versé sur les frontières par le sang de royales victimes, et proclama les droits du peuple sur les échafauds de la mort. Terribles et rapides comme la tempête, ces crimes furent consommés presqu'aussitôt que conçus. Un oubli franchement patriotique devrait recouvrir à jamais cette époque déplorable; l'apparence même d'un parallèle avec elle, exige le rejet d'un projet qui semblerait ne promettre au peuple la sécurité qu'au prix de son argent, et lui ferait répéter ces mots d'une Reine : *On nous punit de nos malheurs.* Sans doute, les pairs et les députés, imposés comme arbitres entre lui et l'Émigration, sont pénétrés des difficultés de leur position : ils savent qu'ils doivent prononcer sur leur honneur et leur conscience ; mais pourraient - ils tous ne pas s'exposer, au moins devant les hommes, à ce reproche terrible : *ils ont été juges et parties ?* Quel Français ne souhaiterait pas de pouvoir effacer, au prix de ce qu'il a de plus cher, ces pages affreuses qui rediront à jamais que la majorité de la Convention fut un jour *juge et partie ?*

L'honneur ne meurt pas en France, car il n'a pu être tué en 1824. L'Europe connaît trop les iniquités des élections de cette triste époque ; la corruption elle-même s'est étonnée de ses succès ; elle n'ose avouer ni les embuches tendues à la bonne foi et à la cupidité, ni les machinations du saint office électoral. En recevrait - elle le prix ? C'est trop déjà pour nous que l'accusation subsiste, et qu'elle n'ait pu être contestée. Que la postérité ne puisse pas dire que les droits de la nation et son argent ont été confisqués au profit de l'Aristocratie.

L'Émigration est en majorité, domine dans les deux Chambres. Les dignités et les richesses eurent aussi des attaches délicieuses pour l'aristocratie du vieux temps ; mais souvent elle repoussa des faveurs souillées et préféra à ses intérêts sa conscience. Ses descendans ne répudieront pas le plus bel héritage qu'ils tiennent de leurs aïeux : abaissés par la révolution, s'ils espéraient, dociles à la cupidité, parvenir à la fortune, sûrement ils déserteraient la cause de l'honneur ; et le temple de l'Immortalité est ouvert pour la honte autant que pour la gloire.

Une probité flexible ne peut pas comprendre le projet des indemnités ; une conscience qui a capitulé est indigne de le juger. Ce n'est pas un de ces projets auxquels une majorité purement numérique donne une espèce de sanction : il touche à toutes les fortunes, irrite toutes les douleurs et blesse tous les droits du peuple : il ne ressemble ni à un projet de finances, ni à un projet de conscription, car il a pour objet le Privilége et une Caste. Tel Émigré peut gagner sur les indemnités un million, sans que sa part contributive soit plus forte que celle de son laquais. L'Émigration repoussait naguères une indemnité prise sur le revenu des rentiers ; la voudrait-elle sur la substance de vingt millions de prolétaires ?

- Non, nos deux Chambres n'encourront pas une accusation que la Convention elle-même ne mérita point. Quelles qu'aient été les élections dernières, les élus ont juré de se conduire en fidèles et loyaux députés. Protecteurs de l'honneur des Émigrés, les pairs et les députés, en repoussant l'Indemnité, empêcheront que la Nation, l'Europe, que l'Histoire ne disent : « La France, malheureuse par l'Emigration, puissante lorsqu'elle l'eut dispersée, ensuite accablée de revers immenses, eut à supporter les ravages de deux invasions qui ramenèrent dans son sein les restes de cette Émigration que deux fois l'Autriche, deux fois l'Angleterre avaient prise à leur solde, et qui s'était incorporée dans l'armée russe. La France fut contrainte encore de payer une rançon énorme à des ennemis infidèles à leurs promesses ; enfin elle fut à peine délivrée de leur occupation militaire qu'elle tomba sous l'occupation administrative des Émigrés. La plupart avaient réparé leurs fortunes ; agens et courtisans du gouvernement impérial, ils s'étaient même enrichis, lorsque le trône légitime fut rétabli. Aussitôt ils prétendirent lui avoir été seuls fidèles ; cette fidélité, la France dut la leur solder : c'était encore une rançon. En vain leur opposa-t-on leurs propres sermens de soumission à l'amnistie, et la prescription, droit de nature pour les intérêts privés, droit de nature et de la plus sage politique pour les intérêts des peuples. Tous les Émigrés, même des collatéraux, demandent soudain des indemnités ; riches, ils exigent que les Français ruinés contribuent à accroître leurs biens; pauvres, ils prétendent au privilége du malheur. Les emplois publics, largement payés, ne leur suffirent plus; pourtant ils en recevaient 70 millions: c'était le quatorzième du budget d'un milliard. Un système d'élection, établi dans l'intérêt exclusif de l'Emigration, la fit surgir en majorité à la Chambre des Députés. Alors elle s'adjugea une portion de la fortune et des ressources si exiguës de chaque Français: la Féodalité eut une espèce, de restauration; le laboureur fut puni d'avoir profité gratuitement de la chute de ses priviléges usurpés; chaque chaumière fut grévée d'une rente, d'une redevance ou corvée pécuniaire, qui contribua ainsi à enrichir l'ancien Seigneur. Et ce noble, sous le titre de maire, de juge-de-paix, même de percepteur, exerça un pouvoir d'autant plus acerbe que les descendans des Emigrés, appuyés de, plus en plus dans les Colléges électoraux par des indemnisés devenus électeurs, se constituèrent en permanence dans la chambre élective. »

Un pareil dessein ne pourrait être formé que, par une politique perturbatrice, insolemment imprudente, et qui ferait croire que, vindicative, elle voudrait satisfaire des ressentimens. Mais quel projet plus malheureux que celui qui outrage le parti même dont il prétend servir la cause, qui place des hommes puissans entre leurs intérêts personnels et leurs devoirs envers la Nation, qui attaque le crédit public dans sa base à peine affermie, qui condamne tout un peuple à rester sous le poids d'impôts accablans! Si ce projet était juste, il ne fallait pas préparer son succès par toutes les déceptions; s'il était constitutionnel, pourquoi avoir attendu l'établissement de la septennalité? Convaincre la France de sa nécessité est impossible, parce que toutes les manœuvres employées pour déprécier les biens nationaux sont patentes, et que les moyens faciles de les faire remonter à leur valeur sont généralement connus. Le Gouvernement essaierait-il de proposer les indemnités à une Assemblée législative composée, presque intégralement, de Représentans choisis dans le peuple agricole et industriel ? Non, certes : la preuve, c'est qu'il ne l'a pas tenté même sous l'empire de la précédente loi des élections. Il épargna ainsi à l'Opposition constitutionnelle, la tâche si douloureuse de défendre l'honneur et les intérêts de toute la nation, contre les prétentions d'un très-petit nombre de ses enfans. Qu'il rende à cette nation les libertés acquises à tant de droits et par tant de sacrifices ; et, fort de la Charte, il dirait avec son auteur, à la portion infiniment petite de l'Emigration encore souffrante et méritante : *il n'appartient qu'au Souverain de venir à votre secours.*

Depuis ces paroles de Louis XVIII, l'Emigration dit, répéta que *la fidélité malheureuse ne demandait rien.* Cette prétendue générosité s'est aussi évanouie. A présent la fidélité elle-même conteste la compétence des deux chambres. « Le pouvoir législatif, dit-elle, n'a pas la puissance de transiger sur la propriété, et d'aliéner les droits imprescriptibles des Emigrés sur leurs biens. En ne rendant point aux victimes de la révolution ce qui leur a été enlevé, on ne réparera rien. Il n'existe qu'un seul moyen d'être juste ; c'est de restituer les biens, sauf à indemniser les acquéreurs : autrement on ne fermera pas les dernières plaies faites par l'anarchie. » Cette prétention ne peut surprendre de la part de ceux qui, n'ayant rien appris, n'ayant rien oublié, s'écrieraient à leur tour : périsse la France plutôt qu'un principe. Cette tactique en demandant tout, plus que l'Etat n'a de richesses, a pour but d'en emporter beaucoup. Que si le pouvoir législatif se reconnaît compétent pour *restituer* ce qui a été *enlevé,* il n'est plus législatif mais judiciaire. Il exista aussi une anarchie alors que les maîtresses comblaient leurs créatures des richesses du royaume. Beaucoup des victimes de la révolution possédaient les biens enlevés aux victimes de l'intolérance ; et ceux que le despotisme dépouilla de leurs fortunes acquises légitimement et par l'industrie, ont certes, plutôt que des privilégiés, des droits imprescriptibles et sacrés.

CHAPITRE II.

L'Indemnité condamnée par l'Histoire.

Au-dessus des trônes et des tribunes nationales s'élève un tribunal impartial mais sévère, qui juge les Partis et les Castes ; vengeur inflexible des droits et des malheurs des peuples, les arrêts qu'il rend retentissent dans tous les siècles. Long-temps le Despotisme contraignit l'Histoire de dissimuler ses attentats, la Superstition ses impostures, la Cour sa corruption : la vérité enfin a triomphé, l'Histoire est redevenue nationale. Heureux Louis XIV et Louis XV, heureux nos rois si elle avait pu admettre pour la gloire de leurs règnes, la maxime consacrée par le Gouvernement constitutionnel : *le Roi ne peut mal faire*. Mais depuis dix ans que nous jouissons de ce régime, combien, hélas ! d'actes contraires à la foi jurée, de mesures réprouvées par la Constitution, l'Histoire n'a-t-elle pas déjà recueillis pour les dénoncer à la postérité ! Les ministres que nous avons vus passer, savaient pourtant, quand ils ont attenté aux libertés publiques, que le compte rendu par l'histoire de leur administration, portera cette suscription vénérable : Règne de Louis XVIII.

Le monde n'a pas cessé d'être un théâtre immense où les faibles ont été écrasés par les forts. Les conquêtes furent pour les chefs des peuples ce qu'ont été les usurpations pour les Castes, les persécutions pour les Sectes, les proscriptions pour les Démocraties. L'Indoustan, la Chine, l'Egypte, ont été désolés par des révolutions politiques ; la cupidité européenne, après avoir exterminé les populations du Nouveau-Monde, prétendit, par la traite des Nègres, confisquer les peuples de l'Afrique au profit de ses colonies. La mort a été la seule indemnité qu'aient reçue tant de Nations malheureuses ; et leurs descendans sont encore chargés de fers. La terre a été spoliée de ses trésors ; elle n'a reçu dans son sein que des cadavres et des ruines, et n'en est que plus bienfaisante.

Malheureusement pour sa gloire et pour sa puissance, la Grèce commit des proscriptions. Lorsque Thrasibule, le libérateur d'Athènes, eut fait rendre une loi de réconciliation, il fut sage et juste, et il ne forma pas des catégories des malheurs de ses concitoyens. Sparte vit rentrer dans ses murs des bannis que lui ramena Philopœmen, avec le roi légitime Agésipolis : ces hommes cruels se firent les satellites des vengeances de l'étranger; ils prétendirent traiter leurs compatriotes comme des vaincus, et Plutarque qualifie cet acte de très-cruel et de très-injuste. Rome fut désolée par des proscriptions inouïes; la confiscation, frappant incessamment les principaux citoyens, n'est qu'un des faits remarquables parmi les attentats qui signalèrent la chute de la république. Quelles familles sollicitèrent des dédommagemens auprès de Marc-Aurèle, de Titus? Mais les Antonins consolèrent, par une égale justice, les Romains d'avoir eu pour maîtres Caligula et Domitien. Jamais le mot indemnité ne retentit dans Florence, à Venise, théâtre de tant de proscriptions ; ni dans l'Angleterre, si souvent désolée par les guerres civiles et les confiscations, depuis Guillaume le conquérant.

Admettre l'Indemnité comme privilége est une iniquité ; comme droit, c'est prononcer le démembrement de la plupart des monarchies, spécialement du royaume de France. Nos rois furent contraints, par les crimes des chefs de la noblesse, de les affaiblir par la confiscation. Ces grands vassaux étaient des usurpateurs, et à la fois des tyrans et des rebelles. Des débris de leurs possessions illégitimes se formèrent des fortunes qui, enrichies encore par la féodalité, ensuite par la dépravation, ont été démembrées, mais non détruites, par notre révolution. La famille de tel Émigré, duc et pair, s'est transmise des biens provenus de l'extermination des Albigeois. Un prince français enlève, à main armée, le trésor public, riche de dix-sept millions : une révolte éclate; ce prince promet le pardon et fait égorger les citoyens les plus riches; leurs biens sont confisqués; enfin le Roi, pour *peine civile*, livre toute la fortune des Parisiens à l'avarice cruelle de ses oncles et de leurs créatures. C'est assez désigner le règne de Charles VI. Vingt-six ans après (1418), la faction du duc de Bourgogne massacre quatre mille personnes; les hommes les plus distingués du royaume président froidement au carnage, et ils s'emparent des dépouilles de leurs victimes. Charles VII, victorieux en 1436, n'oblige pas ces spoliateurs cruels à la restitution; on ne voit pas les enfans lui demander la récompense de la fidélité de leurs pères que trois prélats venaient de faire jeter dans la Seine, parce qu'ils avaient refusé de reconnaître pour souverain de la France le roi d'Angleterre. Mais Charles proclame un oubli sincère et absolu; il l'observe avec loyauté; il ne prodigue les ressources de l'État ni à ses courtisans, ni à ce Tannegui Duchatel, qui, sous ses yeux, a lâchement assassiné le duc de Bourgogne : les braves qui, durant quinze ans, avaient défendu sa cause, auraient refusé de s'enrichir des dépouilles du peuple.

Les maux aussi de la Ligue furent généraux. Ce que la justice et la tolérance empêchèrent Henri IV de faire, les conseillers de Charles X osent l'engager à l'exécuter : ils condamnent par l'Indemnité ce que nos pères admirèrent et bénirent, la sage politique du bon roi qui rallia tous les Français. Les Protestans, qui l'avaient porté sur le trône par tous les sacrifices, ne lui demandèrent point d'argent, n'obtinrent rien : on sait à quel prix la Noblesse, rebelle et cupide, lui vendit sa soumission. Les partisans des indemnités devraient tâcher de faire oublier que les Grands, décimés par le despotisme de Richelieu, tramè- rent la guerre de la Fronde pour ressaisir leur crédit ; que, contraints de ramper à la cour de Louis XIV, ils eurent recours aux rapines et spéculèrent sur la dépra- vation des mœurs ; que la seule conspiration qui troubla le règne de Louis XV, eut pour fauteurs une partie des Nobles qui, par cupidité, appelèrent l'Espagnol à en- vahir le royaume.

Si l'Indemnité *politique* est inouïe en France, la con- fiscation, par son origine, touche au berceau même de notre monarchie. Périsse, dit M. Bignon, dont la tribune nationale va regretter encore l'éloquence, périsse qui- conque n'a pas les lois de la confiscation en horreur. Mais ce n'est pas en France qu'on peut répéter avec Cicéron que, « grâces à la modération de nos pères, la confiscation ne fut pas jointe à la condamnation. » Elle devint une loi sous le règne de Philippe-Auguste. La féodalité consacra comme un principe que la confiscation est un fruit de la haute justice, et à ce titre encore elle concourut à enri- chir les seigneurs. Ils calculèrent même, par l'espérance de la *commise*, le bénéfice des délits ; et il suffit du dé- saveu pour que le suzerain confisquât les fiefs. La cou- ronne se réserva les confiscations pour crimes de lèze- majesté. François Ier dit, par son édit de 1539 : « Ordon- nons que ceux qui auront aucune chose conspirée, ma- chiné ou entrepris contre notre personne ou *la répu- blique de notre royaume*, soient étroitement et rigou-

reusement punis , tant en leur personne qu'en leurs biens ,
tellement que ce soit chose exemplaire à toujours , sans
que leurs héritiers , mâles ou femelles , parens en ligne
directe ou collatérale , ou autres personnes , puissent pré-
tendre aucun droit de succession , de substitution ou de
retour ès-dits biens. » Jusqu'en 1789 , la confiscation et
le séquestre frappaient depuis un siècle toutes les propriétés d'une classe très-nombreuse de Français , persé-
cutés à cause de leurs opinions religieuses. La République
usa de la confiscation contre d'autres Français qui combattaient dans les rangs de ses ennemis , ou qui , pour lui
porter des coups plus sûrs , allumaient la guerre civile.
Enfin la session de 1815 dénonce les derniers partisans
qu'ait eus la confiscation.

Ainsi notre histoire rend à chacune de ses époques une
masse de faits qui accable le système des indemnités. Mais
leurs partisans traitent l'histoire comme la Société de Jésus faisait la morale. Quand ils fouillent dans nos annales , c'est pour y recueillir des faits favorables à leurs
prétentions , et des espèces de trophées pour l'orgueil des
Castes. Avec des noms , des événemens ramassés dans des
siècles différens que le talent rassemble par des rappro-
chemens ingénieux , on éblouit les lecteurs ; on leur
vante les preux comme autant de Bayard ; on assigne pour
séjour aux amours des créneaux ensanglantés ; la religion
est dépouillée de ses pudiques vêtemens pour en couvrir
des vices déhontés ; on fait de Grands qui ne furent que des
Kans ou des Caciques, des modèles d'humanité et de po-
litesse ; et ces romans sont reproduits partout et de toutes
les manières. Combien , depuis dix ans , nos fastes légis-
latifs ne se sont-ils pas grossis de citations et de faits faux
ou inexacts !

CHAPITRE III.

Le Clergé indemnisé par lui-même.

« Il faut nous lancer, armés de toute la générosité, de toutes les forces de la nation, dans un vaste système d'indemnité. » Ainsi s'exprima M. le maréchal Macdonald en développant sa fameuse proposition. Si l'on ne limitait pas ce système à l'Emigration et à la Constitution civile du Clergé ; si ce grand élan de générosité s'étendait dans les siècles passés, seulement au commencement du dix-huitième siècle, le Tiers-Etat, c'est-à-dire la Nation ne pourrait que faire reconnaître son droit à toutes les indemnités ; car ceux qui ont profité de sa misère, de ses travaux et de ses biens, se déclareraient insolvables : au lieu d'une restitution, d'une compensation, ce serait une faillite ; leur grand livre serait leur bilan.

Cependant, après l'Emigration, le Clergé va se présenter aux indemnités. Notre France est riche puisqu'elle paye un milliard d'impôts, et on l'accuse d'être sans religion. Pourtant le Clergé est honoré et généralement honorable. La chute de ses autels en a fait sentir davantage le besoin. Dans beaucoup de contrées, l'habitant qui jouit de l'aisance la plus réelle est le curé, et il doit craindre que les regrets de la perte des richesses de l'ancien Clergé ne le portent à se dispenser de la charité, tant qu'il ne sera pas redevenu bénéficier, décimateur. Mais des hommes d'Etat soutiennent que, pour attacher les contribuables aux représentans des apôtres qui n'eurent pas où reposer la tête, chaque évêque doit être le personnage le plus riche de son diocèse. Il faut, disent-ils, que le Clergé soit propriétaire. Pourquoi ? Entr'autres raisons, parce que les prêtres d'Osiris, d'Apis, et autres dieux, possédèrent le tiers de l'Égypte. Et, comme notre territoire ne peut plus fournir de terres, le Clergé sera rentier de l'Etat. Ainsi la France qui n'avait pas trouvé assez de ressources dans la vente des biens nationaux pour défendre son sol, et que la paix a privée si brusquement de ses riches conquêtes, ne peut pas recevoir d'indemnités, et elle sera contrainte d'en payer à tout le monde.

Bien plus, le gage de la dette nationale et du crédit public va, dit-on, leur être enlevé. On se souvient encore des éloges si étranges que M. Piet et d'autres orateurs firent de l'administration paternelle du Clergé. Un fait rapporté par Dangeau suffit pour les réfuter. « Le Roi a demandé au Clergé une *pistole* par arpent de bois qu'il avait fait couper contrairement aux ordonnances : cette espèce d'amende eût monté à une très-forte somme; mais l'archevêque de Paris s'est arrangé avec Pontchartrain : le Clergé en a été quitte pour *quatre millions* qu'il a payés au Roi (1693). » L'industrie et l'agriculture ne supporteraient pas une année les impôts dont elles sont accablées, si elles n'avaient pas établi le travail dans les palais de l'oisiveté, et demandé des récoltes abondantes à des champs négligés. Des couvens de femmes, incapables de faire valoir leurs biens, reçurent de Louis XV des dotations sur les loteries.

Dans la session de 1815, M. de Châteaubriand célébra la Sainte-Alliance rassemblée au camp des Vertus; puis le Clergé dont notre monarchie est pour ainsi dire l'ouvrage (1). A la tribune des députés parurent M. Castel-

(1) Il est assez curieux de rapprocher une pensée d'un pape d'une pensée de Platon. Ce philosophe avait dit : Il n'est point d'esclave qui n'ait eu pour père un roi, et point de roi qui ne soit fils d'un esclave. On lit dans la lettre du fameux Grégoire VII à l'évêque de Metz, au sujet de la déposition de l'empereur Henri IV. « Les ducs, les rois tirent leur origine de quelques barbares que l'orgueil, la rapine, la perfidie, l'homicide,

Bajac, qui proposa de faire jouir les donateurs de l'Eglise des anciens droits honorifiques, qui avaient établi jusque dans le sanctuaire la discorde et le ridicule; M. Roux-Laborie, suivant lequel c'est un crime égal aux crimes révolutionnaires que le retard de la vocation d'un seul prêtre; enfin M. de Puymaurin, qui s'écria : « Il faut restituer au Clergé puisqu'on l'a volé. » Certains journaux répétèrent, répètent sans cesse que cet ordre étant riche, est une seconde providence pour les peuples. »

Mais un conseiller d'Etat, le comte de Boulainvilliers, écrivait en 1715 : « De ce grand nombre de prêtres et de monastères qui remplissent les villes, de ces évêques, abbés et gros bénéficiers qui s'indemnisent sur le bas étage du Clergé des taxes où ils se trouvent compris, presque rien ne se répand à la campagne. On n'y entend parler d'eux, quoiqu'elle les nourrisse, qu'à l'occasion des procès qu'ils y suscitent, et rarement pour l'édification et la charité, puisque l'on ne saurait compter combien il meurt de pauvres paysans à la porte des plus riches bénéficiers, sans secours spirituel ni temporel, faute d'une faible nourriture ou du plus simple remède. » Valentin Duval dit, au sujet de la famine de 1709 : « Aucun auteur n'a raconté la dureté et la criminelle insensibilité des riches, les criantes et scandaleuses rapines des usuriers tant profanes que sacrés, qui, profitant du malheur public, firent augmenter la cherté des vivres en tenant leurs greniers fermés. » Il en fut de même durant la disette de 1725. Le dégel de 1726 ayant entraîné et brisé cent cinquante bateaux chargés de vins, d'huiles, etc., les moines de l'ab-

---

que tous les vices et tous les crimes, et le démon, premier prince du monde, ont élevés sur leurs pareils et investis d'une puissance aveugle.... Les apôtres, qui en peut douter, sont les pères et les maîtres des fidèles, des princes et des rois. » Et Sixte-Quint, jaloux d'Elisabeth, qui vient de faire décapiter Marie-Stuart, s'écrie : O heureuse femme, qui as goûté le plaisir de faire sauter une tête couronnée !...

baye de Saint-Denis prétendirent garder , *comme épaves ,* les marchandises qui furent repêchées sur leur territoire.

M. de Mac-Carthy, député, disait dans la même discussion : « Depuis 1690 jusqu'en 1760, 379 millions étaient sortis des coffres du Clergé pour les besoins de l'Etat : » et les autres orateurs du côté droit s'écriaient : « Donnez au Clergé 80 millions de dotation : c'est dans ses mains, *le passé l'a prouvé,* une réserve, une ressource pour les temps de calamités. » Écoutons l'histoire. Les armées ennemies, en 1710, se précipitaient sur Paris ; sans le hasard ou le miracle de Denain, Louis-le-Grand aurait été détrôné. Le trésor est vide; le Clergé fait établir la capitation, projet que Pontchartrain, tout contrôleur-général qu'il était, avait rejeté long-temps. Chaque soldat fut taxé à vingt sous ; la classe des domestiques représenta, dans une requête, qu'ils étaient Français, et qu'à ce titre ils ne devaient pas être exempts : le Clergé seul ne paya pas cet impôt. Cependant la Sorbonne venait de décider que tous les biens des sujets sont au Roi, et qu'il ne fait que reprendre ce qui lui appartient. L'assemblée du Clergé dit à Louis que, si le ciel ajoutait aux horreurs de la famine tous les désastres de la guerre, c'est qu'il voulait lui préparer la voie sûre de son salut. Quant aux peuples, les mandemens et les pastorales leur annoncèrent que les maux cruels qui les poursuivaient étaient l'effet de la colère de Dieu irrité de leurs péchés. Quoique asservis au corps épiscopal, les Etats du Languedoc offrirent d'abandonner au Roi l'administration de tous leurs biens, pourvu qu'on leur en délivrât le *dixième* net. Le Clergé vanta sa générosité, étonné qu'il était lui-même d'accorder un don gratuit de vingt-quatre millions, à condition qu'il serait exempt, à perpétuité, du dixième et de la capitation établie depuis deux ans. L'année 1711 ne fut pas moins malheureuse; cet ordre s'arrangea pour ne payer que huit millions.

Or, suivant l'état du Clergé, imprimé en 1710 avec privilége du Roi, le nombre des bénéfices de toutes sortes était de trois cent vingt-cinq mille sept cent douze, et le revenu annuel de cet ordre s'élevait à trois cent douze millions (le marc d'argent à 31 livres tournois, plus de 550 millions de francs). Lorsque l'assemblée générale vit, en 1725, que l'impôt du cinquantième allait l'atteindre, indifférens à la misère publique, plusieurs évêques écrivirent à Rome pour prier sa Béatitude de demander l'exemption de l'impôt en faveur du Clergé français. Le journal de Villars ajoute : On traita seulement d'imprudent cet acte de révolte, dans le conseil du Roi. En 1749, la guerre, qui venait de finir, avait augmenté la dette publique d'un capital de douze cents millions. Le Gouvernement demanda au Clergé la déclaration de ses biens : le prélat chargé de présenter au Roi ses remontrances, dit : « Ne craindrait-on pas, Sire, d'affaiblir le respect dû à la religion, si l'on voyait aujourd'hui les ministres de l'Église, pour la première fois avilis et réduits à la condition de vos autres sujets ? » Les ducs, les ministres, etc. ; remarque Saint-Foix, déclaraient au moins leurs biens, quoiqu'ils n'en payassent pas de contributions. C'est que le Clergé pratiquait ce précepte des Jésuites : « Des sujets peuvent refuser de payer les impôts de l'Etat, quoiqu'ils soient justes, lorsqu'ils ne les trouvent pas raisonnables. » En effet, Machault a-t-il résolu, en 1757, de faire contribuer tous les citoyens aux charges de l'Etat, le Clergé aussitôt s'en défend par ses priviléges ; l'évêque de Marseille dit au ministre : « Ne me mettez pas dans la nécessité d'obéir à Dieu ou au Roi ; vous savez lequel des deux aurait la préférence. » Le Clergé continua d'octroyer de dérisoires dons gratuits ; mais il compromit la religion, et il ne contribua réellement qu'à notre révolution (1).

_____

(1) C'était encore un chétif don gratuit de 1,800,000 fr. que le Clergé

Cet ordre avait l'esprit des affaires et un zèle infatiga-
ble à suggérer des projets d'impôts dont il prétendait ensuite être exempt. Il donna l'idée d'une taxe sèche de dix-
sept millions, à condition qu'il n'en paierait rien. Ainsi,
sous prétexte de rétablir la marine, La Roche-Aymon,
archevêque de Narbonne et maître par sa place des Etats
du Languedoc, s'avisa d'offrir un vaisseau : les Etats n'o-
sent le contredire; les autres provinces et les différens
corps sont obligés de suivre cet exemple, sous peine de
passer pour mal affectionnés. Le prélat, un des plus bor-
nés, ajoute Duclos, est fait à l'instant premier duc et pair
ecclésiastique. Il obtint ensuite le chapeau de cardinal.
Une estampe le représenta poignardant la province de
Languedoc et rougissant sa calotte dans le sang de cette
malheureuse province.

Le Tiers-Etat, de 1690 à 1760, ne cessa, par tous les
impôts divers, de verser au trésor le quart, le tiers, même
la moitié de ses revenus. Le Clergé, par ses dons *gratuits* et *charitatifs*, contribua à peine pour un et demi
par cent aux charges publiques. Durant cette période de
soixante-dix ans, la masse de ses impôts aurait dû s'élever
proportionnellement au moins à huit milliards de livres
tournois. M. Mac-Carthy le louait d'avoir payé 379 millions : ce n'était pas même le *vingtième* de ce qu'il devait à l'Etat. Et avant 1690, le Clergé ne supportait aucune taxe, et il en percevait depuis des siècles par ses priviléges. Cet ordre, qui se disait usufruitier, avait donc reçu
plusieurs fois par ses exemptions, le capital de ses biens :
il s'est donc indemnisé à l'avance de leur perte. C'était un
détenteur qui manquait à ses obligations; un débiteur très-
solvable, mais qui, provoquant par ses exceptions dilatoi-

---

accordait au Roi, lorsque le cardinal de Loménie répondit à l'agent général (M. l'abbé de Montesquiou) : « Puisque le Clergé et la Noblesse se
séparent du Roi, qui est leur protecteur naturel, il faut qu'il se jette dans
les bras des Communes, pour les écraser tous deux par elles. »

res , la vérification de ses titres, parfois un peu suspects , s'exposait à être enfin exproprié.

Si le système des indemnités avait pu paraître juste et politique en 1702, certes le Clergé en aurait exigé. Durant les guerres civiles , cet ordre avait aliéné de ses biens pour la conservation, suivant lui, de la religion et de la couronne; il demanda à rentrer dans ces biens vendus à des particuliers depuis cent vingt ans ; mais déjà l'assemblée du Clergé avait reconnu l'impossibilité d'en rembourser le prix. Le droit de retrait qu'il prétendait conserver fut cédé à Louis XIV; les ventes furent ratifiées, et le Roi se réserva de faire payer aux acquéreurs un supplément sous prétexte de vilité du prix de vente. D'Aguesseau, conseiller d'État, présida à cet arrangement. Ce que l'ancien régime , dans sa splendeur, n'osa pas tenter, nous allons le voir adopter et exécuter.

CHAPITRE IV.

Des Protestans et des Émigrés.

LES proscriptions sont passagères , les persécutions sont durables; le fanatisme religieux tue pour leur croyance ceux qu'il a déjà dépouillés de leurs droits et de leurs biens : l'esprit des Castes est inflexible comme le despotisme ; les révolutions populaires sont bientôt calmées par des amnisties. Quoique le droit civil autorise l'Etat à opposer les mêmes prescriptions que les particuliers, peut-il s'en dispenser dans le procès des indemnités? La justice aussi est immuable pour le Gouvernement et doit être constamment la même. Si elle admet des indemnités pour une époque , elle ne peut maintenir la confiscation pour une autre époqué plus ou moins éloignée. Trente-trois années se sont écoulées depuis 1792.

La Convention, dont la majorité tua Louis XVI, emprunta à Louis XIV son régime de la terreur. « Lisez les lois rendues contre les Protestans, vous y trouverez la plupart des principes dont nos anarchiques tyrans firent ensuite à la France une exécrable application. » (Rapport de M. Pastoret, 1796.) Les Protestans furent livrés à des troupes de missionnaires et à des hordes de dragons. Feindre de se convertir est le seul moyen d'échapper au pillage et aux supplices : on compte déjà deux millions de convertis quand de nouveaux édits prononcent la confiscation de *corps* et de *biens*, les galères contre les émigrans, l'amende de trois mille francs contre ceux qui favorisent l'émigration. Les jurisconsultes et les ministres jugent l'émigration un crime de lèze-nation. Louis XIV déclare les Religionnaires fugitifs et toute leur postérité déchue de de la qualité de Français. L'Inquisition et la Ligue avaient permis l'émigration aux Maures et aux Huguenots ? leur conscience était restée libre ; ils avaient décidé eux-mêmes de leur sort. Les Protestans, au contraire, furent dévoués à une hypocrisie perpétuelle entre l'impiété, le parjure et la mort; aux frontières, les soldats les repoussent dans l'intérieur, où ils sont jetés dans les bagnes. L'arrestation d'un Protestant mérite au soldat une gratification de quatre pistoles, et le délateur qui livre un pasteur reçoit cinq mille cinq cents livres. Tout ministre rentré en France est puni de mort ; la mort aussi frappe le Protestant surpris dans une assemblée de religion ; ceux qui échappent aux sabres des dragons sont livrés aux Catholiques, dont les Missionnaires excitent les fureurs. Dans les châteaux, dans les villes on s'étudia, disent les Mémoires, à trouver des tourmens qui fissent éprouver aux Religionnaires tout ce que le corps humain peut endurer sans cesser d'être.

Près d'un siècle avant la terreur de 93, des échafauds

avaient été en permanence à Nîmes, à Alais, à Saint-Hip-. polyte. Plus de dix mille victimes, suivant Boulainvilliers, y devinrent la proie des flammes, des roues et des gibets. Ainsi Louis XIV aurait immolé à l'intolérance ultramontaine la moitié du nombre des Chrétiens martyrisés par les empereurs romains. Les Missionnaires n'étaient pas désintéressés ; et le Clergé, qui fermait ses trésors aux besoins de l'Etat, prodiguait l'argent pour alimenter la persécution. Quelques-unes de ses lettres, dit Rulhières, font frémir. Le Père Lachaise accusait d'humanité les persécuteurs ; il ne voulait pour ses apôtres que des Jésuites, qui parlaient seulement pour ce monde d'amendes et de prisons, pour l'autre du diable. La police exigea la révélation des confessions ; les missions firent et des bourreaux et des espions de leurs soldats, qui abattaient ou brûlaient les maisons et les temples. Ainsi le féroce Louvois, le perfide Châteauneuf, le cruel Marsillac, l'implacable Basville eurent des bandes dignes de précéder celles des Collot-d'Herbois, des Carrier : encore ces officiers de la guillotine voulurent-ils du sang, et non avec du sang des richesses et des honneurs. Le courtisan de Noailles, l'avide Berwick, l'orgueilleux Tessé, le rigide Boufflers et l'avare Montrevel n'écoutèrent que leur ambition ou leur cupidité. Une voix, celle de Vauban, s'éleva pour proposer une amnistie générale en faveur de tous les fugitifs et les captifs des bagnes ; mais Louis XIV était affilié à la société des Jésuites. L'édit atroce de 1686 pour faire le procès à la mémoire des *relaps*, fut renouvelé alors que la mort allait livrer ce monarque à la postérité (1).

_____

(1) Le duc de Bourgogne, imbu aussi de la doctrine jésuitique, a laissé une espèce d'apologie de la Révocation. Rappeler les Huguenots, dit-il, ne serait-ce pas leur dire : vous nous êtes nécessaires, nous vous avons fait une injustice, nous vous en faisons excuse. Quel orgueil une telle dé-

Cependant il avait écrit que les Protestans n'omettaient rien pour lui donner des preuves de leur fidélité, et la ligue d'Augsbourg ne put la corrompre. Imbus de tous les préjugés, les Nobles chérissaient encore leur ignorance, lorsque l'amitié qui s'établit entre quelques savans des deux religions, présida à la fondation de l'Académie française, des Académies de Caen, de Nismes et d'autres villes. Jusqu'en 1680, le plus grand nombre des emplois de finance avait été possédé par les Religionnaires; ce ne fut qu'après la *Révocation* que s'élevèrent les fortunes immenses des financiers dont La Bruyère a retracé si vivement les scandales. Sans crédit, opprimés, les Protestans n'enviaient pas à la Noblesse ses honneurs et son luxe insolent; ils enrichissaient l'Etat et ils ne dévoraient pas la substance du peuple. Contraints de se dérober par la fuite aux supplices, la terre étrangère ne les vit pas invoquer les armées ennemies et préparer le démembrement du royaume; les Gentilshommes protestans qui furent tués sur les frontières, les défendaient et ne les livraient pas. Ceux pour qui, dans l'intérieur, il ne fut point d'autre salut que dans les armes, n'incendièrent pas les maisons des Catholiques, n'exigèrent point leurs trésors par tous les tourmens; ils ne pillèrent pas les voitures publiques : ils cherchèrent un refuge dans les Cevennes; et ces montagnes sur lesquelles, a-t-on dit en 1815, vingt-cinq mille Royalistes purent se tenir échelonnés jusqu'à la victoire de Marengo, reçurent les Religionnaires expirans sous le glaive de l'intolérance.

Par l'émigration des Nobles, les arts industriels perdirent quelques protecteurs et beaucoup de riches consommateurs; par l'émigration des Protestans, le commerce

marche n'inspirerait-elle pas à de pareils sujets? Ce serait s'écarter de cette politique de fermeté qui fait le soutien des empires. Si Napoléon avait suivi ces principes contre les nobles et les prêtres émigrés... où en seraient-ils?.. où serait-il?

fut anéanti. Long-temps avant 1685 , dit Segrais , les Catholiques et les Huguenots vivaient à Caen dans une grande intelligence. Depuis la Révocation , c'est en vain que le génie industriel des habitans s'est efforcé d'y ranimer le commerce déchu tout-à-coup de sa splendeur (1). Un million de négocians , de manufacturiers , d'artistes et d'ouvriers quittèrent la France : elle perdit dix mille matelots , la force de sa marine. Quel hommage fut alors rendu à l'industrie française ! L'Angleterre , le Danemarck , la Hollande , la Suisse reçurent avec joie les fugitifs , s'enrichirent par cette hospitalité , comme le Brandebourg lui dut de sortir de l'obscurité et de la misère. Encore en 1790, cinquante mille familles de ces Religionnaires formaient, au nord de l'Allemagne, des colonies livrées exclusivement aux arts industriels. Elles s'isolaient par leurs mœurs du peuple qui les avait recueillies : leur orgueil national ne voulait donner le nom de patrie qu'à cette France chérie du sein de laquelle l'intolérance les avait depuis long-temps arrachées. Leurs malheurs , leurs utiles travaux et leur patriotisme inspiraient l'admiration et le respect aux étrangers avides de lire leur histoire. L'émigration des Nobles doit-elle souhaiter d'avoir des historiens à Bruxelles , à Hambourg ou à Londres?

Il est donc vrai que Louis XIV , l'*auguste amant* , ainsi le qualifie madame de Genlis , moins subjugué par

_____

(1) La ville de Caen , dont les octrois excessifs ne peuvent suffirent à remplir la caisse municipale , après avoir contribué à des souscriptions , à des monumens , va relever la statue du prince dont le zèle persécuteur tua le commerce dans ses murs. Est-ce aussi sa caisse qui aura à payer un très-grand tableau exposé au salon de 1824 , et dont le sujet est l'entrée du duc de Berri dans Caen ? La vérité devrait au moins y être respectée. La figure du Maire , qui est la seconde , représente , et très-fidèlement , M. le comte de Vendeuvre , qui ne devint maire que long-temps après. Un trait consolant pour l'humanité , *bourbonien* , aurait dû apprendre à l'artiste , M. Berthon , que le maire alors en fonction était M. Lenteigne Longivière.

des maîtresses, aurait été ensuite moins dominé par un confesseur cruel et par une femme bigote ; que moins adulé par
sa cour, il n'aurait pas révoqué l'édit de Nantes. Et Louis
n'était âgé que de quarante-sept ans ! Il est donc vrai que,
sans l'émigration forcée des Protestans, l'industrie aurait
enrichi de plus en plus la France qui employa le XVIIIe siècle à la chercher et ne la retrouva pas. La Prusse serait
restée ce que la nature l'avait condamnée à être, un petit
état : Coblentz ne fut pas devenu le rendez-vous des mé-
contens de 1790, la place d'armes des Emigrés en 1792 ;
Brunswick n'aurait pas désolé la Champagne ; ces hordes
du Nord dont tant de ruines attestent encore les ravages
récens, n'auraient pas été ruées sur nos provinces florissantes, et depuis long-temps délivrées par la philosophie du despotisme. Que de douleurs épargnées à l'humanité, de catastrophes aux trônes, de révolutions aux
peuples ! et la patrie n'aurait pas eu à déplorer deux émigrations. Les Emigrés nobles peuvent-ils oublier que dans
la terre de l'exil, ils ont été secourus par les descendans
aussi exilés des compagnons d'Henri IV? Ces Protestans
ne virent en eux que des Français et non les fils de leurs
persécuteurs qui, durant tout un siècle, retinrent par
la force, dans les frontières de la France, plus d'un million de Français, citoyens sans culte religieux, sans pro-
fession civile, mariés sans épouses, sans héritiers quoique pères, qui ne pouvaient ni naître, ni se marier, ni
vivre, ni mourir, qu'en désobéissant aux lois : genre de
persécution inouï jusqu'alors, et dans sa rigueur patiente
et réfléchie le plus odieux qui ait jamais existé chez aucun
peuple.

. Ne sont-ce donc que le despotisme et la déception qui
se perpétuent de règne en règne? Sous la Régence, des
Religionnaires paisibles sont fusillés ; des Emigrés rentrés sont de nouveau bannis ; d'autres ne sortent des bagnes
que pour s'expatrier. Fidèle au serment qu'il a prêté à

son sacre , au Clergé , Louis XV ranime la persécution ;
son ministre et la marquise de Prie , pour dissimuler
leurs amours adultères , rétablissent les contraintes sacri-
léges et les superstitieuses épreuves. On condamne les
hommes aux galères à perpétuité , les femmes à la détention à vie , après avoir été rasées ; à la mort , ceux qui
sont surpris avec des armes : la claie et la voirie sont le
partage des mourans. Alors que la philosophie s'essaie à
combattre l'intolérance , les Tribunaux , le Clergé , le
Gouvernement se liguent en 1744 pour exécuter une persécution nouvelle : nulle forme de procès : on fusille ceux
qui sont désarmés.

- Trente années avant la terreur, la France était encore
couverte d'échafauds. Peut-être Marat avait-il lu les écrits
publiés en 1751 par Chabannes , évêque d'Agen , et
par Monclus , évêque d'Alais. Un demi-siècle avant la
naissance de Robespierre , l'évêque d'Arras écrivait : « Il
faut employer la vengeance pour frapper les cœurs......
La persécution s'est établie par l'autorité des Papes et des
Conciles , aussitôt que les Papes et les Conciles ont eu
le crédit de persuader les Princes. » Jamais les assemblées
du Clergé ne se séparaient sans adresser au Roi des remontrances , pour lui demander plus de sévérité dans l'exécution des lois pénales. Lenfant , prédicateur du Roi ,
osait conseiller , en 1788 , l'émigration des Protestans.
Heureusement pour la gloire de Louis XVI , il préféra
les conseils de Turgot , de Malesherbes , de l'évêque de
Langres (M. de la Fare).

Protestans et Emigrés tous souffrirent la persécution,
les uns à cause de leur croyance religieuse , les autres
pour leur opinion politique : les premiers ne portèrent
que le fer de leurs chaînes ; les seconds... Ils sont nos
frères : oublions ce que disait d'eux un législateur aujourd'hui chef de l'une des deux Chambres : « Ils sont
plus que des étrangers, ils sont devenus nos ennemis ceux

qui ont soulevé l'Europe, pour conserver le patrimoine
héréditaire de quelques préjugés usés par la raison. » Protestans et Émigrés furent également frappés de mort civile ;
mais le divorce seul rompit les liens du mariage pour un
petit nombre de ceux-ci : tous les mariages des Protestans
furent taxés de concubinage, d'adultère, de sacrilége. A
Grenoble, à Montauban, à Bordeaux, on envoya aux galères les mariés au désert ; partout leurs épouses furent
déclarées infâmes. De 1740 à 1778, on compta plus de
400 mille mariages contractés au désert. La légitimité des
enfans des Émigrés fut respectée : un moment réputés
suspects, ils restèrent dans leurs familles, et ils ont sauvé
leurs biens ou recueilli les débris de la fortune de leurs
pères. Soixante millions environ ont été accordés comme
secours, par la république, aux enfans et aux femmes des
Émigrés. Mais, en 1697, près d'Uzès, des enfans sur le
point de naître furent fusillés dans le sein de leurs mères
éventrées ; dès 1685, le duc de Noailles fit arracher les
enfans des bras des Protestans ; il contraignit les parens
catholiques de s'en charger ; on en remplit aussi les couvens, les colléges, les hôpitaux. La Maintenon, qui ne
fut jamais mère, la Marsan, d'autres dames de la Cour,
excitèrent les persécuteurs à ces enlèvemens. L'enfance ne
put inspirer de compassion aux tribunaux de conscience.
En Normandie, on vendit, sans forme de procès, les
biens de ceux qui n'avaient point fait baptiser leur enfans
par le curé. Les Tribunaux déclaraient leur naissance il-
légitime ; la législation les notait de bâtardise et elle leur
ravissait leur patrimoine échappé aux confiscations. Ils
subsistent encore dans nos villes les couvens appelés naguères les *Nouvelles Catholiques*, les *Petits renfermés* :
là, dans ces repaires de l'intolérance, la première leçon
que recevait la jeunesse protestante était la haine pour
ses parens ; comme si la religion pouvait dispenser de la
nature. Par chaque année que passait hors France l'en-

faut d'un Protestant ou nouveau converti, la famille était forcée à payer 6,000 livres d'amende. Faut-il qu'une ordonnance, rendue M. Frayssinous étant Grand-Maître, ait expulsé de la plupart de nos colléges les Protestans pensionnaires !

Il y eut spoliation pour les Protestans, non pour les Émigrés qui, armés, furent frappés par les lois. Dès 1689, le Fisc s'appropria les héritages de cent mille citoyens fugitifs pour cause de religion. Dans les seules élections de Marennes et de la Rochelle, les confiscations s'élevèrent à plus de trois millions de revenus. Cent mille Protestans du diocèse de Saintes s'enfuirent. En 1690, on évalua, pour la seule province de Normandie, le nombre de ces Émigrés à cent quatre-vingt-quatre mille, et on y compta plus de vingt-six mille habitations désertes. Louis XIV défendit aux Convertis de vendre leurs biens, sans un brevet expédié par l'un des secrétaires d'État, pour une valeur de plus de 3,000 livres ; et sans un brevet expédié par les intendans, pour des biens d'un prix inférieur. Traqués dans le royaume, les Protestans parvenaient-ils sur une terre étrangère, tous leurs biens étaient confisqués : s'ils se soumettaient, ils ne pouvaient pas même disposer de leurs meubles. Les régisseurs de la séquestration faisaient saisir les biens de tous les Religionnaires qui avaient disparu, morts ou vivans, et s'emparaient des successions que n'osait leur disputer une famille embarrassée de sa propre défense. Enfin, c'est seulement avec les intendans qu'ont disparu les affiches dont les portes de leurs hôtels étaient couvertes, et qui annonçaient la mise en vente de ces biens. Les Protestans avaient amassé leurs fortunes par l'industrie et non par le privilége, par le travail et non par l'intrigue. Leurs biens étaient libres ou grévés de peu de dettes. Ceux des Émigrés au contraire étaient la plupart dilapidés, chargés d'hypothèques. Coblentz, on le sait, devint pour beaucoup ce que la Palestine avait été pour leurs ancêtres, qui, en s'enrôlant pour les Croisades, s'étaient exemptés de payer leurs créanciers.

On ne pourrait évaluer le numéraire que les deux Émigrations enlevèrent à la France.' L'industrie perdit, par la première, avec ses capitaux, ses soutiens; et, par la seconde, des richesses énormes, dont la privation l'empêcha de produire. L'une tarit les meilleures ressources du trésor, appauvri ensuite par la guerre de la Succession : ce qui amena le *Système*, plus funeste encore. L'autre hâta l'accroissement épouvantable du papier-monnaie; et elle causa le maximum, les réquisitions, l'emprunt forcé. La République ne trouva pas, dans les biens des Émigrés, assez de ressources pour vaincre et exterminer les armées ennemies de la France. Mais la confiscation subie par les Protestans profita au Fisc pour une partie, et aux Traitans préposés aux séquestrations. Les Conseils de conscience s'emparèrent d'une autre part, pour donner des primes aux conversions et soudoyer la persécution. La Police, les Intendances absorbèrent aussi une part; mais la plus forte fut celle des Nobles, qui achetèrent ces biens à vil prix. On sait que Mme de Maintenon écrivait à son frère quatre ans avant la Révocation : « Vous ne sauriez mieux faire que d'acheter une terre en Poitou : elles vont s'y *donner* par la fuite des Huguenots. » De simples dénonciations suffirent pour s'enrichir : des collatéraux dépouillèrent leurs parens; les gens de Cour se partagèrent une forte partie des biens confisqués, hypothéquèrent sur d'autres, pour ainsi dire, les pensions qu'ils méritèrent par leur zèle; même les vêtemens des Émigrans surpris ou arrêtés dans leur fuite, furent adjugés aux délateurs, aux courtisans, aux fanatiques.

Quoique récens et déplorables, les maux soufferts par les Émigrés ne peuvent pas être comparés à ceux qu'éprouvèrent les Protestans. *L'intolérance* poursuivit ceux-ci jusqu'à Constantinople en 1686, à Jérusalem en 1690 et à Smyrne en 1727. Ces fugitifs, riches la plupart, ne trouvèrent aussi dans l'exil que besoins ; et les souffrances de la conscience et de l'esprit industriel sont autrement cruelles que les regrets de la grandeur déchue. Plus d'un million de Religionnaires sortirent du royaume : on compta à peine cinquante mille Émigrés. Ceux-ci, huit ans après leur départ, rentrèrent presque tous : l'émigration de ceux-là continua pendant soixante-dix ans. Dans l'intérieur, la persécution dura deux ans pour la Noblesse, un siècle pour les Protestans ; et plus de cinquante mille d'entre eux expièrent, par les galères, la potence, la roue et le feu, leur confiance dans la tolérance du Gouvernement et des lois. Plus de populations avaient été exterminées, plus de villes et de campagnes incendiées dans le Languedoc, la Provence, l'Auvergne, qu'on n'en a compté dans la Vendée, théâtre de si horribles représailles. Quels rapports trouver entre Quiberon et les massacres de Merindol, de Cabrière, de Vassy, des Cevennes ? Sous l'empire de la confiscation et après, les Émigrés conservèrent ou recouvrèrent une grande partie de leurs biens immenses encore : seulement, en 1787, une loi remit les Protestans en possession de leurs biens non vendus ; mais il ne s'en trouva plus que pour un revenu montant à *cent dix mille francs.*

Entre l'Émigration et la population protestante, il y a la proportion de un à soixante. Des emplois sans nombre, des pensions sur toutes les caisses dédommagent, et depuis long-temps, la première : les Protestans paient le huitième du budget d'un milliard ; ils n'en reçoivent pas deux millions tant pour leur culte qu'en traitemens pour fonctions publiques. C'est par le travail et le commerce que beaucoup d'entr'eux ont réparé leurs fortunes : mais combien qui souffrent encore de la *Révocation !* Des courtisans saisis par des délations, par des dons et brevets, d'une partie des biens des Protestans fugitifs, ont émigré à leur tour. Le décret du 9 décembre 1790 a prononcé la révocation absolue de ces dons et concessions faites à titre gratuit. Les Émigrés nobles n'en comprendront pas moins ces mêmes biens dans leurs comptes ; en sorte qu'un immeuble restitué à un Protestant vaudra, par cela même, des indemnités à une famille qui ne le posséda jamais légitimement. Enfin quelles sont les victimes de nos dernières discordes civiles ? Encore les Protestans. M. d'Arbaud Jonques en a pallié les funestes résultats : mais n'y eût-il pas eu, comme M. Perrot l'a appris dans le Gard, 150 maisons de ville et 90 maisons de campagne de pillées, et 200 Protestans de tués, les familles lézées seront-elles indemnisées ? Non. Pas plus que les Lyonnais, que les Toulonnais, pas plus que les victimes du 31 mai et de la chouannerie.

CHAPITRE V.

Autres Victimes.

COMME les Protestans, les Juifs, heureux de vivre dans notre belle France, libres, citoyens, forts de leurs droits, confians dans la Charte et dans la parole de Charles X, oublient un passé qui fut attroce. Ils auraient honte d'étaler leurs malheurs sur la voie publique, dans les temples, dans les palais : ils paient des impôts, ils travaillent, et ils rougiraient d'être mis à la charge de la Nation, de s'enrichir par des sinécures, des pensions, des indemnités. Pourtant, quel sort fut égal à celui de cette nation « tolérée précairement et par grâce, disait le Conseil d'Alsace ; condamnée par l'oracle éternel à errer sur la surface de la terre, sans roi, sans établissement permanent, étrangère partout ! » Long-temps en France on

pilla les Juifs, on les vendit, on les bannit et on les
rappela moyennant de l'argent. Embrassaient-ils le Christianisme, leur abjuration affligeait le Gouvernement, et
il confisquait encore leurs biens. Assujettis jusqu'en 1784
à un droit de péage comme les animaux, ils ne pouvaient habiter avec les Chrétiens, être admis aux mai-
trises. Ils payaient, à Strasbourg, des taxes arbitraires aux
seigneurs, à l'évêque, au domaine : cinq ans avant la révolution, ils ne pouvaient se marier sans l'expresse permission du Roi. La Police continuait, en 1791, de classer
comme objets d'administration, les mendians, les domestiques, les femmes publiques et les Juifs (1).

Des Juifs désignés par le nom de *Portugais* ou *nouveaux Chrétiens*, étaient domiciliés dans les généralités
d'Auch et de Bordeaux. Louis XV, par lettres-patentes
de 1723, dit, statua, ordonna qu'ils seraient autorisés à
y demeurer, négocier, à disposer de leurs biens entre
vifs, en payant 100,000 livres et les 2 sous pour livre,
à cause de son joyeux avènement. Malgré les traités qui
assuraient aux Juifs des provinces du Nord réunies à la
France, le libre exercice de leur culte, le duc de Brancas
surprit au Régent l'autorisation de percevoir à son profit et
pour trente années, une taxe sur les Juifs de Metz. Il eut
ainsi un revenu de 20,000 livres dont il céda le tiers
à la comtesse de Fontaine, qui lui avait donné l'*avis*. Cette
redevance fut renouvelée en 1745, et cela, dit Louis XV,
pour donner à M. de Brancas une nouvelle marque de bienveillance. Henri IV s'était exprimé plus franchement dans

---

(1) Les Juifs ont une *action de grâces* dont le sens littéral est : « Nous
louons le Seigneur de n'avoir pas fait de nous des idolâtres, qui prient un
Dieu qui ne les secourra pas. » *Secourra* est la traduction du mot hébreu
Jochia. Des théologiens allemands prétendirent qu'il y avait *Jésus*, et
sans plus d'examen, le fameux Frédéric II condamna les Juifs à une
amende considérable. Connaissant trop la valeur de *Jochia*, ils suppri-
mèrent toute leur prière.

ses lettres-patentes en faveur de Gabrielle d'Estrées. On lit dans les Mémoires du maréchal de Richelieu que Louis ayant obtenu de mademoiselle de Montcarvel ce que les autres filles de Nesle ne possédaient plus depuis long-temps, lui promit une dot capable d'indemniser son futur époux, le duc de Lauraguais : savoir, 80,000 livres de rente sur les Postes, un privilége sur les Juifs de Metz jusqu'en 1800. Ces Israélites payaient encore la taxe *Montcarvel* en-1789. La maison de Brancas exposa à l'Assemblée nationale que cette taxe était un droit de pro-tection, un droit d'aubaine, et elle réclama une indemnité. Il semble que la Synagogue de Metz serait bien fondée à demander la restitution de 900,000 livres environ que les Juifs ont ainsi payées, depuis 1745 jusqu'en 1790.

Les Jésuites régnaient; il leur fallait encore d'autres victimes, et un grand nombre de Français furent persé-cutés, peut-être parce qu'ils étaient trop Chrétiens. Quatre-vint-quinze mille lettres de cachet, qui méritèrent la ba-rette au cardinal de Fleuri, attestent les violences, l'exil, la misère que souffrirent les Jansénistes. Certes, les li-bertés publiques n'ont pas un intérêt direct à la décision de ces questions : « Si le mérite du sang de Jésus-Christ est absolu ou limité : Si la grâce est efficace par elle-même, de quelle manière, et jusqu'à quel point ? » Mais la guerre du Jansénisme, qui devrait s'appeler la persécution exer-cée par le Molinisme, eut bientôt pour objet les libertés de l'Eglise gallicane, et l'indépendance nationale attaquée par la cour de Rome.

Que la France serait malheureuse, a dit Napoléon, si elle avait jamais un roi dévot ! Son génie lui montrait les maux que causa à l'État l'empire des Jésuites sur l'esprit de Louis XIV. Ce roi, qui ne fut jamais plus grand que dans l'adversité, se laissa encore persuader que les em-prisonnemens et l'exil et les confiscations étaient pour lui autant d'expiations de ses propres fragilités : il voulut voir dans les Jansénistes les ennemis les plus dangereux: sa sombre inquiétude lui révélait les dangers que son orgueil, son faste, que son despotisme avaient amassés autour de son trône. Les prisons d'Etat, remplies de Français défenseurs de la doctrine de 1682, ne purent être rouvertes que lorsque la tombe posséda ce nouveau *Théodose*. Les cachots rendirent ceux des Jansénistes qu'ils n'avaient pu dévorer; l'horreur de l'état où ils parurent épouvanta. S'ils recouvraient la liberté, ils étaient mutilés par les fers, maigris par la faim, et les magistrats avaient perdu leurs offices, les professeurs leurs chaires, les prêtres leurs bénéfices, tous la santé et leurs biens. Les confiscations qu'ils subirent servirent à la fortune de leurs délateurs et de leurs geôliers. Jamais le fanatisme religieux ne connut d'armistice. L'Église, la société, continuèrent d'être agitées par toutes les haines; on se battit dans le cloître, dans le sanctuaire, aux portes des temples; les prières furent hostiles; les archers présidèrent à l'administration des sacremens; la police organisa la délation, chercha des victimes jusque dans les chaumières, et traîna avec fracas ses captifs à travers les villes; il y eut des lois des suspects; on encouragea la diffamation; les mourans ne furent pas préservés des fureurs, et lorsque le séquestre épargna les fortunes particulières, les amendes ruinèrent des branches de l'industrie.

On confond le Jansénisme avec ces querelles religieuses que le respect pour la raison empêche d'examiner. Le parti philosophique profita, sans l'avouer, des progrès que cette dispute fit faire à l'esprit humain. Tous les esprits élevés furent Jansénistes; superstitieux, ils étaient aussi patriotes, incorruptibles quand tout était vénal : ils professèrent, la plupart, les principes libéraux sans en soupçonner toute la puissance.

Si l'infâme Dubois n'eût pas aspiré à la barette, l'édit de Nantes aurait été remis en vigueur; si le Régent n'eût

pas désiré ceindre la mitre à un fils de son libertinage,
l'entière séparation de l'église gallicane avec l'église ro-
maine aurait pu s'opérer. Aurions-nous eu la révolution ?
Une réforme politique et religieuse, lentement consom-
mée, aurait établi le gouvernement représentatif : l'Emigration n'exigerait pas aujourd'hui des indemnités des
descendans de ces millions de Jansénistes qui furent persécutés pour leur opinion, ruinés pour leur patriotisme.
Mais voilà l'intolérance qui s'agite de nouveau ; les hommes aux catégories ont éprouvé les douleurs de l'exil : ils
veulent des exilés, des malheureux. Le comte de Maistre
dit à l'autorité royale qu'elle doit se hâter de saisir sa
serpe pour atteindre la racine de la plante vénéneuse de
Jansénius. Les ruines mêmes de Port-Royal ont disparu,
tandis que Montrouge, Dôle, s'élèvent avec orgueil, que
Saint-Acheul prend de tels accroissemens qu'on dira bientôt *Amiens dans Saint-Acheul* (1).

Dans ces jours prônés avec tant d'astuce, comme les
réparateurs des confiscations, on ne veut considérer, soulager que les maux qui datent de l'hégire des ordres privilégiés ; on annonce que l'abîme de la Révolution, parce
qu'il les engloutit, va être fermé. Ces ordres aussi avaient
ouvert des abîmes où périrent des générations entières.
Quelles familles considérées n'avaient pas souffert des persécutions religieuses, des spoliations de la Cour, des déprédations de l'administration et de ses lettres de cachet ?
Accorder des indemnités aux Émigrés de la Révolution,
en refuser aux Émigrés de l'intolérance et aux victimes du
despotisme, c'est accorder à une espèce d'immeubles plus de
protection qu'aux droits naturels et sociaux ; c'est approuver, sanctionner les persécutions exercées sous Louis XIV

---

(1) Le magistrat d'Amiens, en 1757, présenta une requête à Louis XV
pour qu'il lui fût permis de substituer à son nom, qu'il jugeait homonyme
de celui de l'infâme Damiens, le nom de Louis-ville.

et sous Louis XV (1). La mesure de l'Indemnité, dit-on, tend à donner une leçon aux révolutions. Ferdinand prétend aussi leur donner une leçon : c'est en ruinant les prêteurs des emprunts dont ce roi a profité. Si le respect pour la propriété était sincère de la part des aspirans à l'Indemnité, ils n'oseraient pas réclamer des biens confisqués quelques lustres seulement avant 1790, et dont les légitimes propriétaires vont être contraints de contribuer aux Indemnités; ils ne s'enrichiraient pas des dépouilles des rentiers tourmentés opiniâtrement.

Patron de l'Émigration, le Ministère a dit, en présentant son projet : « Il y a dans le rapprochement continuel de l'homme dépouillé d'un objet matériel et du possesseur actuel, une action constante qui ne permet pas aux passions de s'éteindre. » Depuis l'amnistie jusqu'à la Restauration, cette action ne se fit pas sentir; mais dès 1814, M. le duc de Tarente blâma les *imprudences*, les *provocations* des Émigrés. Et c'est devant une nation composée et de victimes de la Révolution et de victimes de l'ancien Régime, que le Ministère trouve *admirable* la *résignation* de ses cliens ! La politique qui scinderait tant d'infortunes deviendrait cruelle par ses bienfaits mêmes; la justice, qui chargerait les plus anciennes et les plus vives d'indemniser les autres, serait la suprême injustice. Que ferait l'Intolérance envers des cultes différens, le Privilége envers des ordres dont il mépriserait le plus utile, le Pouvoir absolu envers des citoyens qu'il ne jugerait pas égaux en droits?

---

(1) Louis XVI affranchit les mains-mortables dans tous ses domaines, et il abolit le droit de *suite*. Cependant beaucoup de nos contemporains sont nés *serfs*. A Gournay, par exemple, on lit sur un monument récemment restauré le mot *vassaux*.

CHAPITRE VI.

L'ANCIEN RÉGIME.

Confiscation, Avis, Affaires, Concussion.

LE déficit, l'assemblée des Notables et l'opposition du Parlement ne furent que les effets de causes bien plus anciennes et devenues invincibles. Tout le xviiie siècle explique ces causes et les montre menaçantes, tant par les événemens politiques que par des faits isolés mais innombrables. Ceux de nos neveux qui n'étudieront pas ce siècle suivant l'ordre chronologique, pourront croire, qu'immédiatement après tels de ces faits et de ces événemens, commença la Révolution. Nous-mêmes nous ne pouvons comprendre comment, depuis long-temps, le trône n'aperçut pas l'abîme qu'il avait ouvert, comment la Cour osa persister dans sa dépravation, comment le Clergé se refusa à une réforme que la Religion et la morale publique lui commandaient. L'Histoire la plus vraie de notre Révolution, et qui certes sera écrite, doit avoir pour titre : *la Révolution opérée par ses principales Victimes.*

Le marquis de Foucault disait dans la séance immortelle du 4 août 1789 : « Le premier des sacrifices doit être fait par les Grands et par cette portion de la Noblesse très-opulente par elle-même, qui vit sous les yeux du prince et sur laquelle il verse sans mesure et accumule des dons, des largesses, des traitemens excessifs, *fournis et pris sur la pure substance des campagnes.* Mais cette Noblesse de cour refusa tout sacrifice : l'intrigue l'avait enrichie ; elle ourdit des complots ; aux émeutes populaires elle chercha à opposer des soulèvemens : la plus faible dans cette lutte devenue terrible , elle organisa l'Emigration armée. C'est elle à présent qui va absorber presque toutes les indemnités , parce qu'elle fut la plus atteinte par une législation qui , sans elle, n'aurait pas existé. Ainsi , l'Indemnité contraint à lui opposer cet ancien régime fier de ses vices , riche de ses spoliations , et qui ne modifia ses abus que pour en produire de nouveaux ; ainsi elle force à produire des témoignages historiques de l'origine et de l'accroissement de tant de fortunes amassées par des *concussions*, des *confiscations*, par des *pensions*, des *avis*, des *affaires*, des *brevets*, et par tous les *priviléges*.

Sous François Ier, la maison de Guise possédait à peine 8,000 livres de rente ; quatorze ans plus tard elle fut riche de 800,000 livres de revenus. Lorsque le prince de Condé épousa la fille du Connétable de Montmorency, il n'avait pas à espérer de patrimoine 12,000 livres de rente, et le grand Condé jouit annuellement de près de deux millions et son petit-fils de plus de trois millions. Richelieu fit ses affaires et aussi celles de son maître; si les Grands n'eussent pas voulu refaire les leurs, la guerre de la Fronde n'eût pas existé. Jamais ministre n'a tant volé que Mazarin ; et la catastrophe de Fouquet ne fut pas ruineuse pour sa famille.

Faire une affaire signifiait, dans le langage de la Cour, vendre sa protection , s'immiscer dans des affaires honteuses , passer des marchés véreux , pratiquer des concussions, aussi donner des avis et obtenir des confiscations. Ainsi des courtisans se faisaient *abandonner des hommes riches*. Le Roi, raconte Dangeau (1689) , a fait don à la princesse d'Harcourt d'un homme qui s'est tué lui-même, et elle espère en tirer beaucoup : on dit qu'il a plus de 20,000 livres de rente. Le suicide était puni de la confiscation des biens. Un homme vivant fut abandonné au

comte de Grammont : c'était un fournisseur concussion-
naire retiré de l'autre côté du Rhin. Louis XIV laissa les
profits de cette affaire au comte qui avait commencé les
poursuites à ses frais ; il en tira 40,000 liv., puis 40,000 liv.,
et encore 40,000 liv. Manquant de munitionnaires à exploiter, Grammont obtint du Roi un don de 80,000 liv.
sur le Trésor public. Ce courtisan avait eu , à un petit
coucher, le gouvernement d'Aunis : tirez-en, lui dit le
Roi, le plus d'argent que vous pourrez. Un brevet d'his-
toriographe fut, pour le duc de Grammont, l'objet d'une
grande spéculation. Un autre Grammont retirait par an,
de son régiment des gardes, 120,000 liv., et de la coutume de Bayonne, 90,000 liv. de rentes. C'était, dit-on à
l'Assemblée nationale, pour échange de biens féodaux :
et tout échangiste alléguait des lésions.

Lauzun fut enfermé dans une prison d'Etat, pour s'être
rendu témoin invisible des ébats de madame de Montespan avec son amant. Aussitôt le duc de Roquelaure demanda au Roi, mais en vain, les lods et ventes de plusieurs
des terres du prisonnier. D'autres courtisans lui prirent
deux maisons, pour le fonds et les arrérages desquelles le
Trésor public lui compta une indemnité de 75,000 liv.
Polignac, cardinal avant d'être prêtre, obtint la confiscation des biens de Ruvigny (mylord Galoway), émigré pour cause de religion. Ce Ruvigny avait confié une
somme considérable à son intime ami, le premier président *** ; celui-ci déclara le dépôt au Roi, qui lui fit don
de la plus forte part de la somme confisquée. On était en
guerre, en 1702, avec la Hollande, et plusieurs citoyens
de cet Etat possédaient de grands biens dans le Poitou. Le
duc de Guiche demanda, pour son profit, la confiscation
de ces biens ; il n'obtint du Roi qu'une pension de
20,000 liv. sur le trésor, dont il céda le quart à ceux qui
lui avaient donné l'*avis*. Ce duc gagna ensuite 600,000 liv.
en contribuant à assurer la régence au duc d'Orléans.

Une espèce de confiscation avait enlevé le Parlement de Bretagne à la ville de Rennes, qui s'était révoltée contre la Maltôte : le retour de cette compagnie n'y fut autorisée qu'après composition de 500,000 liv. payées par le Parlement, et d'une égale somme à la charge de la ville. Mais c'était une *affaire* que faisait Louis XIV lorsque, passant le premier bail de la ferme du tabac, il exigea un pot-de-vin de 600,000 liv. qu'il distribua à la famille royale. (*Mém. de Choisy.*) A chaque renouvellement des fermes, ce roi faisait compter par les traitans 350,000 liv. au contrôleur-général des finances. Une commission, composée de d'Aguesseau et de six intendans, vérifia en 1695, les comptes des trésoriers de la guerre : un million et plus dut être le prix de l'*avis* qu'en avait donné *Monsieur*.

Jamais conseiller ne fut aussi heureux ou aussi adroit que le prince d'Armagnac, grand écuyer. Le bon homme Corneille, fameux par ses comédies, ainsi Dangeau, académicien mais grand seigneur, qualifiait le créateur de la scène française, Corneille venait de mourir dans l'indigence, le dernier descendant de l'illustre famille des Etienne expirait à l'Hôtel-Dieu de Paris, lorsque Louis XIV fit compter 10,000 louis au grand-écuyer, pour un avis. Deux ans auparavant il avait reçu, aussi pour un bon avis, 100,000 liv. Dès 1671, le *Grand* avait touché une somme plus forte en récompense d'un avis encore meilleur, mais que le Roi avait totalement oublié. Pontchartrain, succombant sous le double fardeau des finances et de la marine, s'adjoignit pour conseillers intimes le grand-écuyer et le comte de Grammont. Les avis du premier coûtèrent encore 4,000 pistoles ; ceux du second ne furent prisés qu'à la moitié.

Vraisemblablement les ducs d'Aumont et d'Antin donnèrent des avis, car le Régent leur accorda 20 sous par jour sur chaque carrosse de remise. On en comptait dans

Paris environ trois cents : ce qui devait produire annuellement aux deux ducs 36,000 écus. Le prince Camille, fils du grand-écuyer, n'avait pu gagner sur les
litières que 8.000 livres par an. Mais l'envie des autres
courtisans, bien plus que les réclamations des loueurs
de voitures, engagea le Régent à supprimer cette taxe.
Alors un donneur d'avis maladroit ou trop audacieux
fut puni. C'était Beauvilliers-Saint-Agnan, Sulpicien,
puis évêque de Beauvais, et qui, auteur d'une traduction
littérale de la Bible, en dix vol. in-4°, fut comparé aux
saints Pères. Homme aussi il était faible, et il s'amouracha d'une de ses pénitentes. Rappelé de son diocèse, il
fabriqua un arrêt du Conseil qu'il montra aux princicipaux bouchers de Paris et de Beauvais, en leur faisant
insinuer, par un Capucin, que, pourvu qu'ils lui comptassent 100,000 écus, il saurait en empêcher l'exécution.
Le renchérissement qu'éprouva la viande en fit rechercher la cause ; et le Lieutenant de police fit enlever l'évê
-que par des archers, au moment où les bouchers lui payaient
un à-compte de 10,000 écus.

Le peuple des Cours est un peuple marchand ; il trafique des faveurs qu'il obtient ; ramper, solliciter et
prendre, c'est son genre d'industrie. Le grand Frédéric
disait : qu'un Souverain était presque toujours l'homme
de ses Etats qui, par bienséance, voyait la plus mauvaise
compagnie. Quand les intrigues galantes eurent cessé
d'être productives à la Cour de Louis XIV, les femmes
spéculèrent sur la dévotion, et s'arrangèrent pour faire
d'autres affaires. La marquise de Langeais, protestante,
ayant fait abjuration, eut un superbe logement au Luxembourg. Pour le même motif, Mme de Lance-Rambouillet obtint une pension de 2,000 liv. La conversion du marquis de Belsence coûta le même prix ; mais
celle du marquis de Vivans lui valut 2,000 écus de pension. Le jeune duc de la Force reçut 1,000 pistoles pour

son abjuration ; une pension aussi de 10,000 liv. , à
cause de son zèle persécuteur à convertir les autres Religionnaires. Louis XIV et Mme de Maintenon s'occu-
paient à choisir des confesseurs pour la Cour. Mme de
Caylus, déjà gratifiée d'une pension de 6,000 liv. , en
obtint une seconde de 4,000 parce qu'elle renonça à son
confesseur Oratorien et prit un Jésuite. Piquée de n'être
pas admise aux voyages de Marly , la princesse de Montauban obtint par le crédit de Mme d'Harcourt de lui
être substituée pour une fois : le prix du marché fut de
3,000 liv. , et Louis XIV y donna son agrément.

On trouve sans cesse dans les Mémoires de cette époque : Mme la comtesse ***, le duc de ** ont gagné
20; 50,000 liv. à des affaires. Mme de Villefort, sous-
gouvernante du Dauphin , reçut ainsi 20,000 écus comptant. Louis-le-Grand avait recours à tous les expédiens
pour remplir son trésor. La duchesse de Roquelaure
lui donna l'avis de frapper d'un impôt les armoiries :
un édit fut rendu, et elle reçut une forte gratification.
« Vous n'êtes bonne à rien ; essayez , on vous aidera »,
disait Mme de Montespan à *Madame* (Charlotte-Eli-
sabeth) en lui faisant reproche de son éloignement pour
les affaires. Encore en 1700 , la Montespan touchait sur
le Trésor mille pistoles par mois. Elle avait puissamment contribué à étendre le crédit des Mortemart. Ordinairement Louis XIV donnait ou 200,000 liv. ou une
pension de 10,000 liv. aux filles de ses ministres, à leur
mariage. Mme de Montespan fit épouser à son neveu la
troisième fille de Colbert, et ce mariage coûta au Roi ,
ou plutôt à la France, 1,400,000 liv. ; savoir , 600,000 liv.
pour la dot, et 800,000 liv. pour payer les dettes de la
maison de Mortemart. Cette somme ferait aujourd'hui
près de trois millions. L'esprit d'intrigue mais non la
cupidité, dominait la duchesse de Bourgogne ; car toute
la Cour l'admirait de ce qu'elle s'abstenait de tricher

au jeu. Mme de Maintenon profitait mieux des affaires. Si elle gouvernait Louis XIV, elle était gouvernée à son tour par une vieille servante de prêtre, nommée Nanon Babien, dont S^t.-Simon nous a laissé un portrait si piquant. Cette fille avide, inabordable, était recherchée par les plus grands Seigneurs : moyennant 60,000 liv., elle fit nommer à l'emploi de dame d'honneur la duchesse de Lude.

La concussion, exercée ostensiblement à la Cour, se répandait avec plus d'audace dans les provinces. Lorsque Jacques II, réfugié en France, exigeait des Corsaires armés sous son pavillon, le dixième de leurs prises, les chefs de l'Amirauté s'attribuaient une part égale. En 1692, de Chaulnes tira ainsi des armateurs de la Bretagne une somme de 8 à 900,000 liv. Villéroi, fait exprès pour présider à un bal ou pour chanter à l'Opéra, courtisan-modèle, maréchal de France, quoique général toujours vaincu, favori de Louis XIV, et gouverneur de Louis XV, disait à ce jeune Roi, en lui montrant la foule qui remplissait le jardin des Tuileries : « Voyez, mon maître, voyez, tout ce peuple est à vous ; il n'y a rien là qui ne vous appartienne. » Ce duc se crut lui-même roi dans son gouvernement de Lyon. Gratifié par Louis XIV de 300,000 liv. à prendre extraordinairement, par sixième, sur les octrois de cette ville, il châtia militairement les bourgeois qui s'étaient révoltés, et leur imposa son fils en qualité d'archevêque et de commandant militaire. Après sa disgrâce fameuse, ce duc, retiré dans son gouvernement, y vola plus de 100,000 écus par an. Il se fit donner des pensions pour accorder sa protection, pour nommer le Prévôt et les Echevins, et il perçut, à son profit, une surtaxe sur les octrois. Les magistrats, ses créatures, se gardèrent bien de s'en plaindre.

Les éloges donnés à la probité de Turenne, au désin-téressement de Catinat, prouvent assez que ces vertus n'étaient pas pratiquées par les autres généraux. Malgré les règlemens sévères de Louis XIV, les officiers supérieurs, trop livrés au luxe pour que leur traitement, qui était plus considérable encore qu'à présent, pût leur suffire, cherchaient dans les concussions des ressources et des moyens d'accroître leur fortune. Le nom de Villars rappelle encore les sauve-gardes : il avouait n'en avoir tiré que 200,000 liv.; mais il se réserva le tiers des contributions, et le Vurtemberg fut contraint de se racheter du pillage par 2,500,000 liv. Les colonels favorisaient les capitaines, qui faisaient de honteux profits sur leurs compagnies, et empêchaient qu'elles ne fussent complètes. On trompait les directeurs et les inspecteurs ; on corrompait, on intimidait les commissaires des guerres ; comme l'avancement, les gratifications étaient données aveuglément et conquises par l'intrigue : même le bâton de maréchal tombait le plus souvent dans des mains indignes. Sans la Révolution, la France n'aurait plus d'armées.

CHAPITRE VII.

Porte - feuilles , Brevets.

« On ne peut plus faire le service qu'en escroquant de tous côtés; c'est une *vie de Bohémes*, et non pas de gens qui gouvernent. » Cette censure de Fénélon s'appliquerait bien à tout l'ancien régime. Louvois se fit distinguer par sa rapacité entre les ministres cupides ; et Colbert lui-même ne fut pas contenu par la disgrâce de Fouquet. La magnifique terre de Maillebois et plusieurs autre biens furent le produit des friponneries de Desmarets, intendant des finances : le marquis d'Alincourt, son complice, jouit aussi de ses rapines : on ne confisqua que les biens de deux bourgeois, leurs agens. Les commis de Chamillard vendaient publiquement la croix de St.-Louis pour 90 liv. Le président des Maisons dit, en apprenant son renvoi du ministère « Ils ont tort : j'avais fait mes affaires, à présent j'allais faire les leurs. » Louis XIV avait déjà dit : « Le ministre des finances actuel est repu ; un autre dont il faudrait éteindre la faim, aurait les inconvéniens d'un changement. » Mon chancelier est un fripon, mais il m'est nécessaire : ainsi Louis XV parlait de Maupeou. Si l'on compulsait les contrats des terres les plus magnifiques, on trouverait que beaucoup de châteaux, bâtis depuis deux siècles, dans les environs de Paris et dans les provinces, ont été construits avec l'argent du trésor. Les Ministres des finances affectionnèrent singulièrement la Normandie. Fouquet y posséda Gisors ; Colbert, Creully ; Chamillard, Cagny ; Law, Tancarville.

On a loué long-temps la probité d'Orry et d'Angeviliiers. La Cour dont s'entoura la Dubarri était peuplée de ministres, de courtisans corrompus et sans pudeur. Chaque ministre recevait une somme d'argent pour établir sa maison : de St.-Germain trouva cette somme exorbitante ; mais le mémoire qu'il envoya ensuite se monta au double. Sans doute les dépenses du palais de la rue de Rivoli seront connues un jour. On a vanté le désintéressement du cardinal de Fleury ; mais entr'autres riches bénéfices il eut l'abbaye de St.-Etienne de Caen, qui valait à l'Abbé 70,000 livres : le marquis de Fleury, son neveu, de simple capitaine devint gouverneur de la Lorraine, duc et pair, enfin premier gentilhomme avec un brevet de 400,000 liv. La marquise de Prie fut véritablement ministre sous le nom du duc de Bourbon. Elle hâta le procès de Leblanc, ministre de la guerre, accusé de concussions énormes ; et, de concert avec les quatre frères Pâris, elle établit un tarif pour les grâces, les priviléges, les charges importantes qu'elle faisait obtenir. Sept maréchaux, cinquante-huit cordons-bleus furent nommés par le crédit de cette maîtresse, bien digne d'être imitée par la Pompadour. Elle hérita aussi de la pension de 40,000 liv. sterl. que l'Angleterre payait au cardinal Dubois pour trahir les intérêts de la France.

Combien de millions coûta au Trésor le chapeau rouge dont se coiffèrent successivement les ministres Dubois, Fleury, Bernis! Puissions-nous ne jamais voir au ministère d'aspirans au cardinalat! Pontchartrain fut redevable d'un portefeuille à une heureuse rencontre; Chamillard à son adresse au billard; Voisin à une robe de chambre fourrée que sa femme présenta à Mme de Maintenon; Dubois au libertinage du duc d'Orléans; Law à un duel malheureux qui le força de s'expatrier; le duc de Bourbon à son agilité à franchir un escalier; Silhouette au goût avec lequel il tint une table pour quatre mille personnes. La naissance suffit pour faire des ministres de Barbezieux, des deux Pontchartrain, de Maurepas dès l'âge de quinze ans, de St.-Florentin. Mais de Breteuil, intendant de Limoges, parvint au ministère de la guerre par un crime que notre législation punit des galères.

Quoique Louis XIV ne voulût voir dans ses ministres que des secrétaires, les courtisans comprenaient bien qu'ils étaient les dispensateurs des dignités, des pensions, des richesses de l'Etat. Ces ministres achetaient leurs portefeuilles, ils vendaient les grâces, et les enchérisseurs revendaient en détail les charges à des subalternes. Voici les prix de quelques ministères. Chamillard, déjà contrôleur-général, acheta la charge de secrétaire d'Etat 100,000 écus, qu'il compta aux trois filles de Barbezieux. Mais après sa disgrâce, Chamillard, qui avait déjà un brevet de retenue de 600,000 liv., le fit élever à 800,000 liv.; il reçut en outre une pension de 60,000 liv.; et comme son fils était déjà pourvu de la survivance de sa secré-

taireric, celui-ci obtint 4,000 écus de pension et la survivance de grand-maréchal-des-logis. De Breteuil paya
500,000 liv. son portefeuille : pauvre, il amassa cette
somme par toutes sortes de moyens; et il se fit donner un
brevet également de 500,000 liv. Alors une place de
maître-d'hôtel de l'Infante (âgee de cinq ans) fut payée
200,000 liv.; et la moitié de la charge de trésorier de
la maison du Roi, 800,000 liv. Des ministres avaient-
ils des dettes, ils ne se démettaient qu'autant que le
Trésor les acquittait. Lamoignon – Blancmesnil ne cessa
d'être chancelier, en 1768, que sous la condition que
l'Etat paierait ses dettes évaluées à 600,000 liv. Brienne,
en 1788, vendit fort cher sa démission : il exigea pour lui
la barette, pour son neveu, à peine d'âge, la coadjutorerie
de son archevêché de Sens et une des plus riches abbayes;
pour sa nièce une place de dame du palais; il laissa un
frère ministre de la guerre : enfin, il se composa, pendant son court ministère, une fortune de 5 à 600,000 liv.
de rente sur les biens de l'Eglise. Peut-être toutes ces
affaires ministérielles étaient-elles moins onéreuses à la
fortune publique que ne le sont à présent les sinc-
cures de nos ministres d'Etat, les pensions de leurs
veuves, etc.

Le *Brevet de retenue* était un raffinement de la vénalité
des charges, une prime offerte à l'intrigue, enfin un agiotage aussi vil qu'onéreux pour le peuple, auquel les acheteurs ou les brevetés reprenaient le prix qu'ils avaient mis
à devenir de hauts fonctionnaires. Nos rois voulaient-ils
accroître la fortune de certains courtisans, ils leur donnaient des brevets de retenue sur des emplois qu'ils avaient
obtenus sans rien payer. Le duc de Richelieu, pour s'acquitter d'une dette contractée au jeu, céda à Dangeau,
pour 500,000 liv., la charge de chevalier d'honneur
de la Dauphine. Un jour le Père Lachaise venait de
confesser le Roi; il lui demanda la charge de capitaine

des Gardes de la porte pour son neveu ; et le royal pé-
nitent ajouta à ce don un brevet de 100,000 écus. Le
maréchal de Bellefond, premier maître-d'hôtel, était cri-
blé de dettes ; il reçut du Roi un brevet de 400,000 liv.
On sait que les affaires du gendre de Mme de Sévigné
étaient dérangées : il eut sur son gouvernement un brevet de 200,000 livres. Celui du prince de Rohan, sur le
gouvernement de Champagne, fut de 400,000 liv. Maillebois et de Chaulnez firent élever jusqu'à cette somme,
l'un son brevet de maître de la garde-robe, l'autre sa survivance de la compagnie des chevaux-légers. Le cardinal
Dubois se fit donner de ces brevets pour un million. La
Cour s'attacha, par de semblables faveurs, les chefs des
Parlemens. Le brevet de premier président de Besançon
était de 80,000 liv. : celui du premier président de Grenoble, de 100,000 liv. Parce qu'un prince de Lorraine
épousa une D^lle de Noailles, le brevet sur la charge
de grand-écuyer fut élevé à un million. Coetlogon, brave
marin, honnête homme, fut nommé, en 1716, vice-
amiral, au décès de Château-Renaud, dont le fils unique
avait épousé une sœur du duc de Noailles. Celui-ci surprit
au Régent un brevet de retenue de 120,000 liv. sur cette
charge qui n'avait jamais été vendue. On vint demander
la somme à Coetlogon : « J'ai toujours mérité les honneurs que j'ai obtenus, répondit-il, et je né paierai pas
un sou de votre brevet. » Le corps de la marine et le public applaudirent à la résistance de l'amiral. Mais de
Noailles n'y perdit rien : s'il eut la honte de rapporter le
brevet au Régent, il se fit compter par le trésor les
120,000. Ce duc était président du Conseil des finances.

Une autre sorte d'affaires consistait dans les *survivances*.
Il y en avait pour toutes les charges. Les femmes réus-
sissaient également à obtenir ces divers brevets. La duchesse d'Albret fit de son fils aîné le survivancier du grand-
chambellan, et de son neveu, duc de la Trémouille, en-

fant de neuf ans , un survivancier de premier-gentil-homme. Ce système se rétablit : nous avons des surnumé-raires , des Pairs de France en survivance : le dernier rec-teur de l'Académie de Paris est survivancier d'un aumô-nier par quartier. La chute du duc de Choiseul , en 1771, ne consterna les Grands que parce qu'ils se flattaient que la haute Noblesse aurait exclusivement la survivance des secrétaireries d'Etat. Aussi madame de Praslin disait-elle , en parlant de ces places et des gens de robe : « C'en est fait : ces charges ont passé entre nos mains (désignant par là les grands seigneurs) : ces petits bourgeois n'en tâteront plus. « Mazarin avait donné une règle contraire à Louis XIV : c'était d'éloigner du Gouvernement cette No-blesse factieuse , qui, ne voyant dans le Souverain que l'usurpateur de ses droits , et dans le peuple que son an-cien esclave échappé de la chaîne , tendait sans cesse à reprendre d'un côté le pouvoir , à opprimer de l'autre ; toujours liguée secrètement contre l'autorité du Prince et la liberté des sujets. »

CHAPITRE VII.

Les Traitans et les Seigneurs.

Tous ces moyens de s'enrichir et de se perpétuer dans les charges ne pouvaient rassasier la Noblesse. Ses biens étaient immenses , mais elle ne savait pas les ad-ministrer : ses emplois lui rapportaient des traitemens énormes , mais son luxe était effréné ; et si le jeu procurait à plusieurs des capitaux pour acheter des charges , souvent les perdans étaient aussi des Nobles. Le duc de Mortemart ayant perdu au jeu une somme très-forte , vendit son ré-giment. Vers cette époque (1710), Fomboisard , préfé-

rant la vie paisible des champs aux fatigues des camps,
céda son régiment de dragons pour une terre de 4,000 liv.
de rente. C'était plus de soixante-dix pour cent de bénéfice ; car la terre, à cause de la rareté de l'argent, se vendait au denier quarante, et Louis XIV avait fixé à
22,000 livres le prix de chaque régiment de cavalerie.
Le comte de Grammont n'avait pu vendre que 30,000 liv.
le régiment le plus ancien de dragons, et composé en
entier de gentilshommes. Quant à l'infanterie, il n'y
avait pas de cours bien marqué : des colonels traitaient
de leurs régimens pour 15 à 20,000 liv. ; on en trouvait
même à 8,000 liv. La hausse ou la baisse variait en temps
de paix et en temps de guerre, et on remarqua qu'après la
fatale journée d'Hochsted, des colonels propriétaires rabat-
tirent de leurs demandes. Le jeu était si énorme qu'on ga-
gnait ou qu'on perdait, dans une soirée de Marly, les
valeurs d'un corps d'armée, même d'une armée : un marin
en remporta le prix d'un brevet de vice-amiral. Le procureur-général de Provence gagna 25,000 liv. à la princesse de Modène qui se rendait en Italie : c'était le tiers
du prix de sa charge.

Il serait étonnant que, parmi tant de seigneurs à la
piste des affaires, aucun n'eût pas ouvert l'avis de pour-
suivre les traitans. Ces gens, les plus adroits à dilapider
les revenus publics, s'en composaient d'immenses pour
eux. Leur ambition égalait leur cupidité. Les Grands,
pour ne pas se laisser vaincre en faste, dérangeaient leurs
affaires, contractaient des dettes qu'ils ne payaient pas,
et reprenaient en sous-main une partie des bénéfices faits
par les financiers sur le peuple. Colbert avait déjà soumis les traitans à un *visa* : c'était avouer tous les vices
de l'administration. Tantôt Louis XIV tira de ces mal-
totiers 25 millions, et puis 20 millions ; tantôt, au lieu
de les envoyer à la Bastille, il caressa leur vanité. Les
Grands, à leur tour, se firent courtiers d'affaires ; les

premiers hommes d'Etat n'eurent pas honte de s'en-
rôler dans les pirateries financières ; les grands seigneurs allèrent à l'affût des prévarications , ou simple-
ment des recouvremens oubliés. Ils dénonçaient , soit
que les poursuites étant à leurs frais , ils prissent tout ou
la plus forte part des confiscations , soit qu'exempts des
chances des poursuites, ils eussent, comme primes, des
gratifications. Prôneurs ou créatures des ministres, ils en
obtenaient des brevets pour prendre part aux profits des
maltôtiers et aux traités des partisans; et de 1689 à 1709,
les traitans se partagèrent entre eux 266 millions , pour
remises et autres bénéfices. Avant que le trésor reçût
730 millions , ils avaient gagné 366 millions. Forbonnais établit que les compagnies financières qui traitèrent
avec le Gouvernement, depuis 1726 jusqu'en 1754 , rem-
portèrent de bénéfice 1,182,582,617 liv. Cette somme,
qui surpassait la masse du numéraire en circulation ,
fut la proie de 800 familles au plus , et procura à chacune un bénéfice de près d'un million et demi.

Le juge le plus sévère de l'administration de Louis XIV
fut son successeur, qui , subjugué à son tour par des maîtresses et par la Cour , laissa s'accroître encore les dilapidations et les concussions. Louis XV dit, dans ses déclarations de 1716 : « Les traitans ont élevé leur fortune
sur la ruine de l'Etat et des particuliers... Du sein des
calamités publiques sont sorties les fortunes immenses et
précipitées de tous ces hommes nouveaux qui se sont en-
graissés du sang de nos peuples ; jusque là que les richesses
d'un seul feraient le bonheur de cent familles , et suffiraient pour rétablir des villes entières qui ont été ruinées
par leurs exactions. » Une opposition constitutionnelle
aurait empêché la création d'une chambre de justice ; véritable commission chargée de punir par l'arbitraire, les
déprédations d'agens que le Gouvernement avait, depuis si
long-temps , enhardis par l'impunité. Mais le despotisme

remplit la Bastille de prisonniers, et il soumit au con-
trôle de cette *Chambre ardente* 4,410 personnes, presque toutes sans patrimoine, et dont les biens s'élevèrent, d'après leurs propres déclarations, à près de 800
millions. Le Gouvernement s'était promis, de cette mesure 300 millions, et il n'en retira que 70 millions,
suivant Voltaire, Marmontel, Millot et M. Ganilh, et
seulement 15 millions, si l'on en croit M. Lacretelle.

C'est que des familles puissantes se trouvaient impli-
quées dans ces rapines. Elles furent si actives dans leurs
sollicitations que le Régent, qui avait promis de garder
une égale justice, fit grâce aux *grandes notabilités*. Les
demandes en réduction des taxes imposées aux traitans,
fournirent aux seigneurs de la Cour une spéculation très-
lucrative. Ces agens d'affaires titrés offrirent et vendirent
au rabais leur protection. Un partisan, taxé à 1,200,000
liv., répondit à un seigneur qui lui offrait sa décharge
moyennant 300,000 liv. : « Ma foi, M. le Comte, vous
vous présentez trop tard ; le marché en est fait avec
Mme de *** pour 150,000 liv. » Un trésorier de la guerre
pour la généralité de Caen, et un perruquier de Paris,
furent condamnés aux galères ; mais le duc d'Ossune
put léguer 40,000 liv. à Saint-Sulpice, et un autre financier compta le prix de 8,000 messes, afin de procurer quelque repos à son âme. Paparel, autre trésorier
de la guerre, fut condamné à une détention perpétuelle :
son gendre, le marquis de la Fare, obtint pour lui-même
la confiscation de ses biens ; ce *roué* eût pu faire sortir de
prison son beau-père ; mais celui-ci aurait exigé sans
doute la restitution de ses biens. Des chansons et des
bons mots exprimèrent le mépris public pour ces vils
protecteurs. Les taxes qui furent payées devinrent, dit
Duclos, la proie des femmes perdues ou intrigantes, et
des compagnons de débauche du Régent : Nocé eut pour
sa part 600,000 liv.

Un prêtre, c'était un Sulpicien, alla déposer que Bourvalais avait inscrit sous son nom pour 5o,ooo liv. de
contrats à l'Hôtel-de-Ville, et ce dénonciateur reçut
100,000 liv. ; le reste fut confisqué par la Chambre. Ce
Bourvalais, huissier de village en Bretagne, puis lancé
dans les affaires par la famille Pontchartrain, avait amassé
une fortune de plus de 6oo,ooo liv. de rente. L'hôtel de
la Chancellerie fut bâti par lui ; *Monsieur*, des princesses
firent des parties chez lui et chez Samuel Bernard. De
sa maison de Champs, dans la Brie, Bourvalais fit un
palais enchanté, et profitant de la misère de ses voisins,
il acheta à vil prix quatorze villages aux environs. Il
possédait un second hôtel sur la place Vendôme, dont le
prix aurait dû servir à acquitter ses dettes; mais la maréchale d'Estrées et la duchesse d'Albret demandèrent
cette propriété confisquée, et le Régent en fit don à la
duchesse, parce qu'elle était en maison de loyer. Il est
remarquable que le Garde-des-sceaux et le Ministre des
finances habitent deux hôtels confisqués par la Chambre
de justice. D'Aguesseau, qui s'établit dans l'hôtel de la
Chancellerie, dit à cette chambre en lui annonçant sa
dissolution : « A la vue d'une multitude de criminels qui,
par le *mélange du sang et des fortunes*, ont su intéresser
jusqu'aux parties saines de l'Etat, le public effrayé tombe
dans une espèce de consternation et d'abattement qui fait
languir tous les mouvemens du corps politique. »

La banque de Law et la caisse d'amortissement, le
Système et l'Indemnité présentent divers rapports entre
eux. La révolution financière opérée par l'Ecossais a
laissé des traces encore subsistantes sur notre sol et dans
la répartition des fortunes. Combien de propriétés confisquées sur l'Emigration qui durent leur origine au
Système ! C'est dans une des rues les plus maussades de
la capitale que la fortune semble avoir établi son temple :
le vulgaire des agioteurs se presse, se tue sur le pavé;

quelquefois la cupidité y rétablit l'égalité naturelle ; mais les courtisans ont bientôt franchi le seuil de l'hôtel de l'aventurier. Parvenus dans les appartemens de Law, ils se tenaient sur son passage pour obtenir la faveur de quelques mots ; jamais, à Marly, un coup-d'œil n'avait été plus recherché. Le duc de Bourbon et le prince de Conti ne furent pas les moins empressés ; le premier gagna, avec sa mère, près de cinquante millions ; le second, réalisant ses billets au moment de leur dépréciation, traversa la foule indignée avec trois chariots chargés d'espèces. Venaient ensuite les Rohan, les Guise, les de Loges, les Louvigny, etc. ; enfin on ne citait guère à la cour que d'Aguesseau, Villars, la Rochefoucault et Villeroi qui se fussent préservés de la contagion. L'enchanteur Law vanta, avec une astuce qui ne nous est plus inconnue, les richesses des bords du Mississipi : ce devait être un vrai Eldorado. Mais si l'auteur d'Atala, le plus romantique des hommes d'État, y a vu une colonie déployant ses voiles d'or, les colons étaient des serpens, des hérons et des crocodiles. Cependant les ducs de Guiche, de Noailles, de la Force, tous les grands se firent distribuer des portions immenses de terre sur les rives du Meschacebé, pour y fonder des villages dont ils allaient devenir les suzerains. Ils rêvaient à établir la féodalité dans une terre vierge des usurpations de la puissance, et qu'habitaient des sauvages, enfans de la nature ; ils décidaient que leurs noms seraient portés par ces contrées près desquelles la liberté consacra, soixante ans plus tard, les noms immortels des Wasingthon, des Lafayette.

Les Grands échangeaient en riant leurs titres de ducs et pairs, de princes, contre le sobriquet de *Seigneurs mississipiens*. Les théologiens molinistes déclaraient que l'anathème lancé par l'Eglise contre l'usure ne s'étendait pas au commerce des actions ; des agens du Clergé et des moines se firent agioteurs ; des prélats se disputèrent l'honneur de faire faire abjuration à Law, qui voulait être contrôleur-général. Tencin, depuis cardinal, le plus grand opprobre du Clergé, si Dubois ne l'avait été, le convertit, et un magnifique présent d'actions et de billets aida à cet évêque à braver l'opinion publique. Alors les églises de Saint-Sulpice et de Saint-Louis étaient construites avec les bénéfices de loteries.

« J'ai vu Law, dit Voltaire, arriver dans les salles du Palais-Royal, suivi de ducs et pairs, de maréchaux de France et d'évêques. » Les femmes pouvaient-elles résister à la plus aveugle illusion ? Elles vendirent ou engagèrent leurs bijoux pour acheter des actions ; il n'y avait pas de ruses dont elles ne se servissent pour arriver à Law, car il ne pouvait plus parler à toutes. Une duchesse lui baisa la main ; s'il l'avait voulu, les plus hautes titrées lui auraient baisé autre chose. C'est avec cette franchise germanique que la mère du Régent raconte qu'un jour qu'il donnait audience à des dames, il cherchait à se retirer, ayant un si grand besoin de p..... qu'il n'y tenait plus. Elles le retinrent, et ayant reçu sa confidence : Oh ! si ce n'est que cela, dirent-elles, cela ne fait rien, p..... toujours et écoutez-nous : ce qu'il fit, et elles parlèrent. Ces dames se souvenaient du propos du duc de Villeroi : « Il faut tenir le pot-de-chambre aux ministres tant qu'ils sont en place, et le leur verser sur la tête quand ils n'y sont plus. » Des princesses même s'honorèrent de monter dans le carrosse de l'épouse de Law, ou plutôt de sa concubine. Toutes savaient que si Mme de Parabère, maîtresse du Régent, n'avait reçu que douze actions, Nocé les avait fait tellement fructifier, que ces actions et quelques présens de l'amant avaient procuré à cette dame 80,000 liv. de rente.

Un bossu gagna, dit-on, jusqu'à 150,000 liv. à faire de sa bosse un pupitre dans la rue ; de Nanthia, oncle d'Amelot, qui devint ministre, prêta aussi son dos moyennant une gratification. Le prince de Carignan porta envie à ces mignons des agioteurs : la place Vendôme étant devenue le théâtre des négociations, il prétexta l'embarras qui en résultait pour la circulation, et proposa son hôtel de Soissons. Il fit construire dans le jardin une quantité de petites barraques dont chacune se louait 500 liv. par mois : le tout lui rapporta 500,000 liv. dans une année, car le prince s'était fait donner la police de ce grand tripôt. Enfin l'heure du réveil sonna : la chute, pour beaucoup, fut aussi rapide que l'avait été l'élévation ; mais les Grands échappèrent à la dépréciation des billets ; ils déployèrent tout leur crédit pour se faire payer à la Banque le montant de leurs actions ; d'agioteurs ils devinrent brocanteurs, accapareurs.

Fameux entre les Mississipiens, le comte d'Evreux fit bâtir le bel hôtel de ce nom dans la rue Saint-Honoré, acheta pour 320,000 liv. le gouvernement de l'Isle-de-France, qui rapportait de revenu net 22,000 liv., et obtint un brevet de retenue de 200,000 liv. Les plus avisés se hâtèrent de réaliser leurs profits scandaleux : les Jésuites ne furent pas les moins empressés. Les biens ruraux s'élevèrent à un si haut prix que les terres de 15 et 20,000 liv. de revenu, furent vendues jusqu'à un million. Le duc de Luxembourg reçut, en espèces, 2,600,000 liv. pour sa terre de Ligny. Le petit-fils du grand Condé fit rebâtir Chantilly, qui, chef-d'œuvre des arts, fut aussi un monument de la cupidité de son maître. D'Antin spécula principalement sur les porcelaines : toutes celles qui se vendaient à Paris étaient fabriquées en Chine sur des modèles envoyés de France. On ne comptait qu'un très-petit nombre de Pairs qui n'eussent pas réalisé leurs actions et acheté des terres. Le Parlement eut à juger, malgré l'opposition des Ducs, le procès fameux de la Force. Ce duc et pair, le prin-

cipal complice de Law, avait acheté des denrées de toutes
sortes que les Grands-Augustins avaient recelées. On
saisit dans leur couvent pour 1,500,000 liv. d'épiceries
fines. Il fut prouvé aussi que deux associés de Laforce
avaient accaparé, un vicomte, les avoines, un marquis,
les suifs et les foins : tout fut confisqué.

Tel fut l'effet de ces accaparemens, que l'argent dis-
parut. Le Parlement de Bretagne défendit à tout *étranger*, c'est-à-dire, à tout Français non domicilié dans la
province, d'acheter du beurre, de la cire, etc. L'arbitraire acheva de tout perdre. Le Gouvernement, en con-
traignant chacun de ne garder au plus que 500 liv. d'argent chez lui, provoqua la délation sans pouvoir atteindre les agioteurs nobles, parce que leurs priviléges les
garantirent des perquisitions. Le Conseil ordonna que chaque porteur de papiers fût soumis au *visa*, et il fit défense à tout Français, *sous peine de la vie*, de sortir
du royaume. Mais des Mississipiens, plusieurs se reti-
rèrent à l'Etranger, quelques-uns furent ramenés des frontières, tous conservèrent leurs richesses ; tandis que cinq
cent onze mille individus subirent une confiscation de
521 millions en billets. Le rentier de l'Etat ne reçut rien ;
le commerce fut anéanti ; et les Grands insultèrent encore
à la misère publique par le luxe qu'ils étalèrent aux fêtes
du sacre de Louis XV. Ce faste fut encore une spéculation, et il leur procura ensuite d'autres faveurs. Qu'é-
tait-ce que la justice? Comme les devoirs de roi étaient
pratiqués! Comme la Cour les respectait !

Au commencement du xviiie siècle, les petits emplois
de la finance étaient le partage des laquais; un Noble se
serait cru avili en devenant financier. Mais le *Système* fit
rechercher toutes les places par les gentilshommes. Ainsi
de nos jours, la Noblesse ne trouve pas assez d'emplois
salariés; des écuyers tiennent des débits de tabac, des
comtes sont dans les octrois. La plupart des financiers

avaient conservé leurs richesses ; les Nobles abjurèrent
l'orgueil de la naissance ; ils spéculèrent sur les dots ,
et des ducs épousèrent des filles de maltôtiers. Qui sait?
il y a peut-être plus de sang roturier dans le faubourg
réputé noble par excellence , que dans tel autre quartier
de la capitale. Combien d'hôtels magnifiques sont des
monumens , et de la rapacité des courtisans, et des rapines des fermiers-généraux ! En 1716, Silhouette , qui
devint ensuite ministre, dut rendre au trésor 350,000
liv. ; Orceau de Fontette , depuis intendant de Caen ,
plus de 700,000 livres ; Goujon de Gâville, près de
1,500,000 liv. Proudre, dont la fille épousa le maréchal de Clermont-Tonnerre , fut taxé à 200,000 liv. ;
Oursin, fils d'un chandelier de Caen, et qui maria sa
fille à Chauvelin, à 2,600,000 liv. ; Samuel Bernard,
allié aux plus grandes familles, à 4 millions. Pelletier,
depuis contrôleur-général , Leblanc, Belle-Isle, etc.,
furent contraints aussi à des restitutions.

Les fermiers-généraux cachèrent leur origine sous des
noms illustres de la Noblesse qui les adopta. Brissard,
qui , protégé du cardinal de Fleury, vola à toutes mains ,
devint seigneur de Triel , près Meulan, et propriétaire
de l'hôtel d'Armenonville ; Adine fut fait marquis de Vil-
lesavain ; Delay, laquais, puis financier, fit de son fils le
gendre du marquis de Fénélon. La maréchale de Villars
était fille de Piron , partisan. Le neveu du Maréchal,
le marquis d'Oise, âgé de trente-trois ans, épousa moins
la fille d'André , agioteur, qui avait trois ans , que
20,000 liv. de rente, et un capital de 600,000 liv. Le superbe hôtel Lambert, bâti par un traitant, fut occupé
par un autre nommé Labaie. Hocquart maria une de
ses filles au duc de Cossé-Brissac. Le Monnier, d'El-
bœuf, épousa une servante de cabaret dont le duc de
Luxembourg fit sa maîtresse ; sa petite-fille fut comtesse de Clermont-Resnel. Grimod de la Reynière,

Bouret, de la Poupelinière, Roussel et tant d'autres, ont laissé des noms presque aussi fameux que celui de Le Normant d'Etioles, époux de la fameuse Pompadour, qui gouverna la France depuis 1745 jusqu'en 1764. Le cardinal de Fleury, afin de rétablir les affaires du trésor, avait de plus en plus attiré les traitans à la Cour, et favorisé leurs alliances avec la haute Noblesse. Ce système de crédit prit encore de l'extension jusqu'en 1789.

CHAPITRE IX.

Pensions, Gratifications, Echanges, Domesticité.

Une autre source intarissable des richesses de la Noblesse fut la caisse des pensions. Le duc de Bourgogne n'était pas plus hardi quand il répétait, dans les galeries de Versailles, *que les rois sont faits pour leurs peuples, et non les peuples pour les rois,* que lorsqu'il disait, dans les appartemens de Marly : *Les rois ne devraient jamais donner de pensions, parce que, n'ayant rien à eux, ce ne peut être qu'aux dépens du peuple.* Mais Dubois ne faisait que répéter le principe de Louis XIV, quand il disait à Stanhope : « Le roi de France jouit de la portion des revenus de tous ses sujets qui lui convient : il peut se regarder, à bon droit, comme le propriétaire du territoire entier de son royaume. — Comment donc, l'abbé, s'écria le Lord, auriez-vous fait votre cours de droit en Turquie ? »

Des menins touchaient des gratifications, quand le trésor épuisé ne fournissait aucun fonds aux académies. « Louis XIV, dit Voltaire, s'est immortalisé par ses fondations en faveur des sciences et des arts, et cette immorta-

lité ne lui a pas coûté 200,000 liv. par an. » Mais les dépenses du plomb employé aux châteaux de Versailles s'é-
levèrent à 32 millions. De Memont reçut une pension de
5,000 liv. et une autre de 4,000 liv. pour les leçons d'é-
quitation qu'il avait données aux ducs de Bourgogne et
de Berry ; la veuve et les enfans de Racine n'avaient
qu'une pension de 2,000 liv. Catinat n'était pas payé de
son traitement ; et parce que Mlle d'Armagnac refusa de
se marier à un prince étranger, elle obtint, sur le trésor,
une pension de 30,000 liv. La maison de Rohan s'oppose au mariage de Montauban avec la fille d'un ban-
quier : cela vaut à Montauban 12,000 liv. de pension.
Louis XIV dit à la duchesse de Verneuil, en lui ac-
cordant une pension de 12,000 liv., qu'il avait honte de
donner si peu (1).

Vivre avec l'*argent du Roi* était réputé par l'Aristocratie un bonheur et une gloire : ainsi on dit à présent
Trésor royal, Dette publique, quoique, suivant la Charte,
dette et trésor, tout soit *national*. A la mort de Louis XIV
le trésor de l'Etat ne possédait que 7 à 800,000 liv.
Dans cet excès d'épuisement, aucun ministre n'osait parler
de recourir à l'épargne du Roi (sa cassette) : tant le plus
personnel des rois, dit Marmontel, avait accoutumé tout
ce qui l'approchait à regarder comme sacré ce qui intéres-
sait le faste de sa Cour ; mais il ne chargea pas la renommée de publier de faibles secours accordés à l'extrême misère, qui, comparés en masse avec les immenses revenus

---

(1) C'était environ 24,000 fr. Henri IV donna à une autre marquise de
Verneuil 100,000 écus. Sully fit porter chez elle cette masse d'argent.
Instruit alors par ses yeux de ce que sont 100,000 écus, le Roi recula d'é-
tonnement. Anne d'Autriche annonça un jour au Conseil de régence
qu'elle présidait, qu'elle venait de donner à sa femme-de-chambre les
quatre fermes : il fallut lui expliquer que ces fermes étaient les ressources
du trésor public. La Reine n'avait cru donner que quatre terres ; et elle
rit de sa méprise.

de son domaine , auraient décelé ou l'avarice ou une bienfaisance hypocrite. Les courtisans à qui il n'était rien, dû, et qui prétendaient aux libéralités du jeune Roi, ceux qui étaient chargés de dettes, trouvaient l'expédient d'une nouvelle banqueroute aussi légitime qu'il était commode : heureusement la Régence adopta l'économie. Il est curieux de lire, dans la Correspondance de Mme de Maintenon et de Mme de Caylus, quelle affliction causa aux femmes de la Cour la révision de leurs pensions. Mais bientôt le duc d'Orléans fit de fortes pensions aux Grands qui avaient contribué à lui assurer la Régence, et à ceux qui avaient conspiré pour la lui enlever. Le prince d'Auvergne, ayant donné l'idée des bals de l'Opéra, eut une pension de 6,000 livres.

D'Effiat, Canillac, Broglie, toute la tourbe des *roués*, reçut des gratifications. Mon fils, dit *Madame*, m'a donné, comme à tous ceux de la famille royale, 2 millions en actions. Le jeune Roi distribua jusqu'à 20 millions à ses officiers. Les ducs de la Châtre et de Tresmes reçurent chacun pour 600,000 liv. d'actions ; Rouillé du Coudray 200,000 liv. ; Courtenay fils , 200,000 liv. ; le poète La Fare, capitaine des gardes, 600,000 liv. Il fallut aussi des gratifications aux femmes de la Cour. Mme de Châteautiers, dame d'atours, eut 800,000 liv. ; la maréchale de Rochefort, 600,000 liv. ; Mme de Clermont-Tonnerre, 100,000 liv. ; Mme de Fontaine-Martel , 200,000 liv. ; la duchesse de Villars - Brancas , 400,000 liv. D'autres préférèrent des pensions , et Mlle de Melun en obtint une de 6,000 liv. ; le frère du prince de Chimé, une de 10,000 liv. ; la comtesse de Grammont-Biron , une de 8,000; la princesse de Montauban , une de 20,000 : la pension de la duchesse de Brancas fut de 10,000 liv. ; celle de la maréchale des Lorges, de 12,000 liv. Vendôme, grand-prieur de Malthe, eut 9,000 liv. par mois.

Les provinces, qui remplissaient le trésor public, incessamment vidé par la Cour, étaient contraintes aussi à fournir des supplémens de traitemens et des pensions. La Guyenne fut grévée d'une pension de 30,000 liv., au profit de la duchesse de Chevreuse. La pension du prince de Conti était de 70,000 liv.; elle fut élevée à 100,000. Le gouvernement de Poitou rapportait au titulaire, 40,000 liv. : il fut augmenté d'une pareille somme lorsque la survivance en fut donnée au même prince : il lui naquit un fils, et le Trésor eut à fournir encore une pension de 60,000 liv. Le cruel comte de Charolais fut imposé pour gouverneur à la Tourraine ; cette province dut lui fournir 40,000 liv. en augmentation de traitement. La nomination de Castries au gouvernement du Languedoc coûta aux États 12,000 liv. de plus par an. La plupart des sessions des États provinciaux ressemblaient à celles de Vitré, *qui s'ouvraient par des menuets*, raconte madame de Sévigné, *où l'on buvait tant de vin, jouait le Tartuffe, et où l'on ne disait pas un mot: voilà qui était fait*. Mais les États de Bretagne de 1671 durent voter, pour deux ans, 100,000 écus de gratification aux principaux officiers : la part de la gouvernante fut de 2,000 louis. Plus économes, les États du Languedoc n'accordèrent que 12,000 liv. à La Fare ; mais ce *roué* toucha sur le trésor 50,000 liv. de gratification. Il fallut que les États de Bretagne, en 1724, donnassent 30,000 liv. au maréchal d'Aligre, 15,000 liv. à la maréchale, 9,900 livres à leur fille, 10,000 liv. au comte de Rivière, 8,000 liv. au marquis de Caraman, etc. Et la ville de Rennes venait de perdre, par un incendie, huit cents maisons.

Hamilton, disait en voyant passer les courtisans de Louis XIV dans la galerie de Versailles : « Il n'y a pas là un homme qui ne soit prêt à se faire éreinter pour un million et une aune de ruban. » C'était un haut prix qui se soutint du temps de la Régence, qui baissa sous le ministère de Fleury, qui se releva sous les règnes de la Pompadour et de la Dubarri. Il n'y eut d'économie que sur le ruban, car il suffit de quelques centimètres de *faveur*. Les pensions, en 1759, montaient à près de 11 millions. Deux armées de terre et la marine à entretenir, le trésor entièrement vide, les peuples écrasés d'impôts, le crédit perdu et les Traitans vendant leur secours au prix le plus usuraire; tel était l'état des affaires de la France, engagée dans une guerre malheureuse depuis 1756. Silhouette entreprit de soumettre les pensions à un *visa* sévère. Mais la Cour, alarmée de ce projet, fit chasser le ministre. Le duc de Choiseul assigna, pour les grâces à donner, l'extraordinaire des guerres ; et la totalité des pensions de ce seul département s'éleva, dans l'espace de onze années, à 11 millions, et les autres ministères en étaient grévés aussi pour 4 millions. Cette masse, soumise à une réduction du dixième par l'abbé Terray, s'accrut tellement de 1781 à 1789, que le Comité des finances déclara à l'Assemblée constituante que les pensions évaluées à 28 millions, et par Necker à 32,566,000 livres, se montaient dans la réalité à plus de 35 millions. *C'était le dixième des revenus nets de l'État.*

M. Fréteau, dans la séance du 28 novembre 1789, cita une augmentation de 40 à 50 millions qu'éprouva un emprunt fait par Terray ; cette somme avait été employée en capitaux donnés par faveur à des gens qui n'avaient pas compté un sou à l'État. Il en fut de même des *Ordonnances de comptant*. Ni l'objet de la dépense, ni le nom de ceux qui profitaient de ces ordonnances, n'étaient indiqués : elles portaient seulement la somme à payer : le Roi les signait sur un *bon* que gardait le ministre. Il existait, en outre, des *livres-rouges* dans tous les départemens. *Les enfans gâtés de la fortune,* expression de M. Wimpffen, cumulaient. Necker jugea à propos de ne produire qu'un de ces livres-rouges : c'était celui de la Cour.

Il était composé de cent vingt-deux feuillets. Le total des sommes est de 227,985,716 livres pour un espace de quatorze ans et neuf mois (de 1774 à 1789). Le premier chapitre présente 28 millions donnés à deux princes, « élevés dès l'enfance au milieu du luxe d'une grande Monarchie, et mis à la tête d'une administration très-étendue dès l'âge de seize ans. » On voit dans le chapitre II, intitulé *Dons et Gratifications*, de Croismard, pour l'aider à payer sa terre de Voisins , 50,000 liv. ; la comtesse de Maurepas, pour 166,666 liv. ; une gratification de 30,000 liv. à du Vergier ; 60,000 liv. à Gonnet, comme retraite et afin qu'il payât ses dettes ; de Civrac, 285,000 liv. ; le premier Président du parlement de Paris, 46,500 liv.; 23,000 liv. pour remise à la famille de Soubise de droits de lods et ventes ; au Rhingrave de Salm, 400,000 liv. ; Saint-Priest fils, adjoint à l'intendance de Languedoc, 200,000 liv. ; même somme à Sartine pour acquitter ses dettes ; secours de 100,000 liv. à d'Angevillier; 60,000 liv. à la comtesse de Lameth. Cette dernière somme fut remboursée au trésor par MM. de Lameth : ils n'eurent point d'imitateurs. Chapitre III, *Pensions et Traitemens*, montaient à 2,221,000 liv. Entre autres pensionnaires figurent de Maupeou pour 32,000 liv; Mme du Défant seulement pour 6,000 liv. , mais la comtesse d'Albani pour 60,000 liv.; la marquise de Clermont-Tonnerre pour 12,000 liv.; la comtesse de Brienne pour 20,000 liv. ; la comtesse d'Ossun, dame d'atours, 20,000 liv. pour sa table, 15,000 liv. de pension, 30,000 liv. étant devenue veuve; Le Monnier, pour 20,000 liv.

Le chapitre IV, *Aumônes* du Roi et de la Reine, ne monte qu'à 254,000 liv., mais le chapitre V s'élève à 15,254,000 liv. , et il est intitulé : *Indemnités, Prêts,*

Arrangemens de comptabilité. Ces indemnités tenaient lieu de la retenue du dixième que subissaient les pensions. Par exemple, la princesse de Talmont eut 4,000 liv., le duc de Saint-Aignan 22,680 liv., et Mme de Cassini 60,000 liv. en place d'un emploi à la loterie. La suppression d'un libelle coûta 22,680 liv. La comtesse Dubarri eut un million pour remboursement de contrats abandonnés par elle au Roi. *Prêts :* au prince des Deux-Ponts, 945,000 liv. ; à la maréchale de Mirepoix, 125,000 liv. Le chapitre VII, *Affaires de finance,* est de 5,825,000 liv. On classa les *affaires étrangères, les affaires secrètes des postes et autres* dans le chapitre VIII. Jamais peut-être la diplomatie n'a glissé dans ses comptes autant d'affaires secrètes. Ce chapitre montait à 135,804,000 liv., et il fut l'objet de quelques explications de la part du ministre. Le chapitre IX, *Dépenses diverses,* révèle quelle économie le Roi apportait dans ses dépenses propres : voyage à Cherbourg, 148,000 liv. ; naissance du Dauphin, 324,000 liv. Les dépenses secrètes de la police sont portées, pour 1774, à 63,000 liv. Elle ne coûtait par an que 1,400,486 liv. Durant les 14 années et 9 mois, les *dépenses personnelles au* Roi et à la Reine sont comptées, dans le chapitre X, pour 11,423,000 liv. Louis XVI pouvait montrer ce chapitre à ses ennemis pour réfuter beaucoup de calomnies, à ses amis, pour se plaindre des abus qu'ils avaient faits de sa bonté, et des malheurs qu'attirait sur sa famille leur avidité à cumuler des gratifications, des pensions, etc., etc. Le même Roi, qui avait accordé tant de millions aux courtisans, peu d'années après, acceptait, dans la prison du Temple, 100 louis pour ses besoins. Ce rapprochement laissera-t-il insensible la cupidité qui nous assaille ?

Le chapitre VI du livre-rouge, intitulé : *Acquisitions, Échanges,* se monte à 20,868,000 livres, dont

9,073,000 liv. pour l'acquisition de l'Ile-Adam, propriété devenue naguères l'objet d'un procès presque historique. Dans le chapitre II on lit : Ordonnance de 80,000 liv. pour compléter les 170,000 liv. accordées par le Roi à la duchesse de Grammont, pour prix d'un domaine en Rouergue qu'elle vient de remettre à S. M., *et dont la finance n'a été liquidée qu'à* 70,000 *liv.* Ordonnance au porteur de 1,200,000 liv., à laquelle somme S. M. a fixé le prix de l'engagement de la comté de Fénestrange, accordée au duc de Polignac. Cette comté a acquis encore de la célébrité en 1814. Plusieurs échangistes publièrent, en 1789, des observations ; mais il est remarquable que la plupart de ceux qui avaient fait des échanges avec le Domaine royal réclamaient toujours des indemnités. « Louis XV, dit M. de Ségur, voulait le repos à tout prix ; les courtisans voulaient de l'argent à toute heure. » (*Mém. et Souv.*)

Pendant la minorité de ce roi, des domaines furent cédés au comte de Belle-Isle, en échange de l'île de ce nom sur les côtes de Bretagne. Des recherches prouvèrent une lésion énorme : quoiqu'elle renfermât cent vingt-trois villages, cette île ne rapportait au Roi que 34,000 liv., tandis qu'il résulta des baux et contrats passés par le comte, que les domaines échangés lui produisaient 110,000 liv., et il osait encore réclamer sur l'île 10,000 liv. de droits annuels. Ce Belle-Isle, devenu maréchal de France, vendit au Roi, en 1759, le duché de Gisors estimé 4 millions, pour le prix de 2,666,000 liv., parce qu'il s'en réservait l'usufruit : il mourut deux ans après. On proposa en 1728, au Conseil, qui cette fois rejeta l'*avis*, d'échanger treize paroisses dans l'Angoumois, contre quelques arpens de terre situés dans le parc de Versailles. Des gens de la Cour insinuèrent à des particuliers de céder leurs terres à des tiers qu'ils leur désignèrent ; ils s'entendirent avec ceux-ci pour revendre au Roi des biens que les propriétaires avaient plutôt cédés que vendus. Un marquis de Grancey échangea une maison ruinée dans l'enceinte du Louvre, et estimée au plus 15,000 liv., contre des bois qui valaient 50,000 liv., et contre des terres affermées plus de 3,000 liv.

Alors que les Grands se composaient de tous ces élémens divers des fortunes immenses, peut-on blâmer les expédiens employés par les officiers du gobelet et de la bouche? Le cardinal de Fleury se plaisait à raconter, entr'autres anecdotes, que le Dauphin (Louis XV) avait eu envie d'une poire : la gouvernante en fit acheter deux, et le prix en fut porté sur les registres à 10 liv. Le Dauphin, père de Charles X., voulant se montrer aux habitans de Paris, en 1737, alla se promener jusqu'aux Tuileries. Ce prince encore enfant revint ensuite dîner au château de la Muette, avec six jeunes seigneurs. On apprit, quelques jours après, que ce repas avait été mis en compte pour 2,000 écus.

Le vol reconnut procurait même des pensions. Cavois, grand maréchal-des-logis, avait fait rendre un navire, jugé de bonne prise, à un négociant, qui lui avait compté 30,000 liv. Louis XIV cassa l'arrêt du Conseil; et Cavois, obligé à restitution, tomba en disgrâce : quelque temps après il eut une pension de 6,000 liv. Une lampe d'argent fut dérobée dans la chapelle de Saint-Germain-en-Laye. Le fils du voleur avoua que la misère avait réduit son père à commettre ce crime. C'était un homme de grand nom, et le Roi lui donna une pension (1).

(1) Les vols étaient très-fréquens dans les châteaux royaux et dans les églises, malgré la législation contre le sacrilége. Celle-là ne calomniait pas son siècle. En 1690, Louvois dit dans un Mémoire : « L'on doit supprimer toute l'argenterie des fabriques et confreries, celle des hôpitaux, lesquels sont si endettés. Les églises seraient fort décemment ornées au moyen de croix et chandeliers de bois doré, et de bronze doré pour les plus riches. Il ne faudrait laisser aucune lampe d'argent dans les églises de campagne,

Tout était vénal, corrompu à la Cour comme dans le gouvernement. Louis XIV autorisait ses premiers valets-de-chambre à recevoir 150 pistoles à la prestation de serment de chaque lieutenant de roi. Fénélon confiait à l'amitié, en 1689, qu'il ne lui restait plus que 20 pistoles, ayant eu à payer 10 louis d'or aux valets-de-pied pour entrer dans les carrosses du Roi. Les cardinaux, à leur présentation chez la Reine, devaient compter 1540 liv. au porte-carreau. Catinat, sur l'insinuation du ministre, paya 3,000 liv. à un gentilhomme et au courrier qui lui portèrent son brevet de maréchal. Du sein de cette domesticité sont sortis des nobles, qui se sont alliés à des familles renommées. Un garçon de chambre, nommé Antoine, fut, étant anobli, M. d'Antoine. Bontems a laissé une grande fortune et un nom fameux. Barjac, premier valet du cardinal de Fleury, se forma une cour d'adulateurs parmi la plus haute volée. Il est vrai que des pré-

et supprimer toutes les figures des saints et saintes : *on éviterait ainsi des vols et des sacrilèges.* Louis XIV approuva ce projet; et il dit aux évêques dans une circulaire : « Il y a beaucoup d'argenterie inutile dans les églises, qui, étant remise dans le commerce, apporterait un grand avantage à mes sujets. » A présent, on pourrait citer tels villages où l'impôt est augmenté d'un sixième, d'un septième, une année, pour des lampes et des lambris, une autre pour des cloches, etc., etc., etc. Pourtant, le Français n'est pas, comme l'Italien et l'Anglais, amateur de sonneries bruyantes. Les voix des *Muezzinns* ottomans ont une harmonie plus religieuse que nos carillons. Que de villes qui envieraient presque la punition qui fut infligée en 1552 à Bordeaux ! Ses cloches lui furent enlevées à cause d'une émeute. Quand ensuite on voulut les remonter, le peuple faillit à se révolter, tant, dit-il; il goûtait de repos depuis que le tintamarre des cloches avait cessé. Importe-t-il à la Religion que des populations soient informées par les cloches de ces couvens de toutes sortes qui se relèvent par-tout, des actions des religieuses, depuis leur lever jusqu'à leur coucher ? L'administration ne reconnaît donc aucun danger, pour les malades et les femmes enceintes, à ces sonneries funèbres qui, dès avant le jour, troublent le repos public ? S'il est bien d'orner les temples matériels, il est mieux de pratiquer l'Évangile, qui proclame les pauvres les temples vivans de Dieu. Mais, dans beaucoup d'églises, la pauvreté, reléguée dans des coins obscurs, ne peut pas même entendre les consolations de la religion.

lats comprenaient leurs coadjuteurs dans leur domesticité, que le cardinal de Polignac briguaitla faveur d'eutrer dans celle du Roi, que Mme de Montmorency, dame d'hon-neur, est traitée par Dangeau de domestique.

L'Auteur de *Paris et Versailles* raconte que le comte de Flamarens, en 1735, s'acheminant de la Guyenne vers Paris, entrait dans la forêt de Rambouillet, lorsqu'il tomba au milieu d'une troupe de gens qu'il prit pour des voleurs. C'étaient des marchands réunis pour se rendre adjudicataires d'une coupe de bois. Ils voient en lui un confrère, et ils lui proposent 500 louis pour s'éloigner. Cette somme aurait dû être versée dans la caisse des hospices : le comte la garda et amusa la Cour du récit de son aventure. Il y gagna la protection de Barjac. Ce valet obtint du cardinal que Flamarens se rendrait dans un carosse du ministre à l'adjudication des Fermes générales qui allait être passée au Louvre. Les maltôtiers, qui le voient arriver, ne doutent point que ce ne soit un rival, et le protégé de Barjac. Le comte joue bien son rôle, on négocie avec lui, enfin il consent à se retirer moyennant 100,000 écus. Cette somme le mit en état d'acheter une grande charge à la Cour et d'y établir sa famille.

C'est à l'aide de manœuvres semblables et de bien d'autres encore, que tant de fortunes se formèrent et s'agrandirent. Ce qu'il y eut de plus rare dans ces temps réputés à présent si religieux, ce furent les restitutions, quoique tout le monde eût des confesseurs. On cite un chevalier de la Hillère, gouverneur de Rocroi, qui déclara, dans son testament, avoir volé au Roi, c'est-à-dire à l'État, 20,000 liv. Grimod de Beauregard avait amassé une fortune de plus de 2 millions, principalement dans la ferme des Postes. Il légua, en 1754, pour l'acquit de sa conscience, 1,200,000 liv. aux hôpitaux de Paris. Mais dans ce retour à la probité, sa mère vit une accusation contre lui-même, au moins l'effet de l'égarement de son esprit.

Le testament fut cassé; et l'arrêt du Parlement prononça que, du consentement de cette dame, l'aumône serait de 300,000 liv.

~~~~~~

CHAPITRE X.

Traditions des Courtisans.

PARCOUREZ-VOUS les Mémoires de certains personnages de cet ancien régime, vous n'apercevez le plus souvent que de petits esprits, vaniteux, insolens, rongés d'ambition, d'une cupidité insatiable; avec cela, une moquerie qui insulte à la misère publique, une censure amère contre leurs rivaux, et une feinte apparence de vertus chevaleresque; genre d'hypocrisie qui, inconnu depuis, vient de grossir la corruption qui signale le cours de ces dernières années. Villars ne vante que ses projets. Maurepas se raille du vice, Richelieu l'avoue et s'en énorgueillit. Noailles déclame contre les abus, mais c'est de regret de n'en avoir pas assez profité. Quelques traits empruntés à ce duc révèleront assez quelles étaient les anciennes traditions de la haute Aristocratie.

Noailles blâme l'indulgence de la Chambre de justice de 1716 : mais il avait contribué lui-même, par son mariage, à appauvrir le trésor public. Voici ce qu'écrivait Mme de Maintenon : « J'établis ma nièce. Il en coûte à mon frère 100,000 liv., à moi une terre (celle de Maintenon estimée 800,000 liv.). Le duc de Noailles donne à son fils 20,000 liv. de rentes, le double après sa mort. Le Roi, qui ne sait pas faire les choses à demi, donne à M. d'Ayen (le futur époux) la survivance des gouvernemens de son père. Il a un beau régiment, on y joindra des pensions. » Or, ces gouvernemens rapportaient, celui

de Roussillon , 38,000 liv. , un autre 3o,ooo liv. Mlle d'Au-
bigné reçut du Roi 3oo,ooo liv. en argent , et pour
5oo,ooo liv. de pierreries. De ce mariage sortirent, entr'autres enfans , un fils qui, joignant à diverses survivances, la capitainerie de Saint - Germain , possédait
1oo,ooo écus de rentes, et il n'avait pas cinq ans ! Un
autre fils (Jules Adrien), chevalier de Malte, chanoine de
Notre-Dame , fut nommé lieutenant-général de la province d'Auvergne, colonel d'un régiment : il n'était pas
âgé de vingt ans lorsqu'il mourut. Le second maréchal
de Noailles se glorifiait d'être citoyen plutôt que courtisan ;
et Louis XV ajoutait que la qualité de citoyen est au-dessus de tout. Cependant son fils aîné était déjà capitaine
des Gardes-du-Corps quand il le recommanda en 1736,
époque d'une promotion. « Si mes fils , écrivait-il , n'ont
pas encore mérité de récompenses par leurs services, cette
grâce anticipée produira en eux une reconnaissance qui
les mettra dans l'obligation de s'en rendre dignes. » Mais
ce fut Grammont , son neveu , qui exposa la France à
tous les dangers par la déroute de Dettingen. Enfin quit-
tant la Cour en 1758 , Noailles demanda la charge de capitaine des gardes pour un de ses fils qui avait fait deux
campagnes , et celui-ci en fut pourvu avec un brevet de
4oo,ooo liv. Il vient de mourir en 1824.

La maréchale de Noailles, à l'âge de quatre-vingt-dix
ans , forçait le cardinal de Fleury à la ménager. Mère de
neuf filles et de douze fils , elle leur avait enseigné ce
principe : « Tous les membres de la famille de Noailles
ne doivent pas s'attacher à un seul parti : chacun doit s'a-
vancer par divers moyens et choisir, selon son caractère ,
des factions opposées, pour se servir respectivement ou
prévenir les fâcheuses affaires. » Elle confiait à ses fami-
liers que le confesseur et la maîtresse lui avaient toujours
servi également ; et elle répondait par un soupir à l'énu-
mération des charges de chacun de ses fils et de ses gen-

dres, et des héritages qu'elle avait accumulés sur sa tête :
« Et que diriez-vous donc si vous saviez quels bons coups
j'ai manqués (1)? » Ces traditions se sont conservées. Le
général Lafayette, et Malesherbes, qualifié par le parti
intolérant de *ministre patriote*, avaient défendu la
cause des Protestans dans le bureau de l'Assemblée des
Notables, que présidait M. le comte d'Artois. Un jour,
la vieille maréchale de Noailles voyant entrer dans une
assemblée, sa petite-fille, épouse du général, se leva
pour lui céder sa place, et elle la reconduisit en céré-
monie, comme la femme, disait-elle, d'un chef de parti
déclaré.

« L'ambition dans l'oisiveté, la bassesse dans l'orgueil,
le désir de s'enrichir sans travail, l'aversion pour la vérité, la flatterie, la trahison, la perfidie, l'abandon de tous
les engagemens, le mépris des devoirs du citoyen, la crainte
de la vertu du prince, l'espérance de ses faiblesses, et plus
que tout cela, le ridicule perpétuel jeté sur la vertu, sont,
je crois, le caractère de la plupart des courtisans, marqué
dans tous les temps et dans tous les lieux. » (*Esprit des
lois*, liv. III, chap. V.) D'autres traits encore se sont pré-
sentés dans la Cour de France, hors cette Cour, et toujours dans la première classe de l'Etat. C'étaient une cupidité effrénée, un système constant de déprédation de la
part de familles qui, riches énormément, n'avaient jamais
assez de biens, qui, puissantes, aspiraient encore à plus
de pouvoir. Les preuves que nous avons rapportées sont
diverses, sont nombreuses, parce que c'est par des preuves, bien plutôt que par des aperçus et par des plaidoyers

---

(1) L'ancienneté de la maison de Noailles est bien moins contestable
que celle de la famille de Richelieu. Cependant celle-ci jugea qu'un mariage avec la veuve d'un Noailles était disproportionné. La douairière de
Richelieu disait à ce sujet, dans l'amertume de sa douleur : Mes neveux
vont toujours de mal en pis. C'était bien la peine que mon oncle (le cardinal) se damnât !

plus ou moins adroits, que la grande question des indemnités doit être méditée, discutée et jugée.

Combien de faits, également puisés dans les sources historiques, nous pourrions encore rapporter! Quel tableau
il nous serait facile de retracer des mœurs dissolues de ce
XVIIIe siècle, qu'on nous peint si courtois, si brillant! Les
Menins livrés au vice le plus honteux; les femmes dé-
laissées s'enivrant et se querellant; le libertinage allié à
la dévotion; l'étiquette produisant des troubles, des con-
spirations; les Grands se groupant autour de bâtards
royaux, rampant aux pieds de leurs maîtres, se relevant
chargés d'honneurs ou factieux, factieux encore quoique
enrichis, parce qu'ils étaient insatiables; des prêtres se-
mant la discorde dans l'Eglise pour récolter la persécution; les courtisans spéculant sur les faiblesses du jeune
Roi, comme des femmes hautement titrées avaient exploité
les passions du Régent, avaient imité les turpitudes d'une
princesse qui mérita le surnom de Messaline. Poursuivant
ce siècle dans son cours, il nous aurait redit, et le règne
de Louis XV, et les intrigues honteuses, et les guerres
provoquées par l'ambition des Grands, dirigées par des
généraux superbes autant qu'inhabiles. Les Châteauroux,
les Pompadour, les Dubarri, quelle honte leurs noms
projettent sur la royauté! Et à la suite de ces maîtresses,
les courtisans se pressent pour adorer le vice qui leur livre
le trésor public; enfin toute cette pompe, toute cette corruption aboutissent à une révolution, à un échafaud sur
lequel sont tués un roi, une reine, victimes de leurs vertus et de leur faiblesse, victimes de la fuite, de la rapacité de leur Cour.

Mais c'est déjà trop d'être provoqué à démontrer les
sources de richesses, les accroissemens rapides de fortunes qui se sont dissipées dans la révolution. La morale
publique et le respect pour le rang le plus élevé commandent d'en cacher la source la plus féconde et la plus

impure. Si l'histoire nous montre Mme de la Tournelle, lorsqu'elle va à Choisi se livrer à son amant, escortée des dames de Chevreuse, de Ruffac, d'Estissac, etc.; aussi des ducs de Duras, de Richelieu, des princes de Bouillon, de Soubise, de Tingri et de l'indispensable de Meuse, nous préférons citer l'espèce de disgrâce qu'encoururent le duc et la duchesse de Luynes en refusant de grossir ce cortége. Marmontel a cru pouvoir raconter à ses enfans l'intrigue ourdie par la comtesse d'Estrades et le ministre d'Argenson, qui, pour faire renvoyer la Pompadour, introduisent la femme d'un Ménin auprès de leur maître; ils attendent impatiemment dans une pièce voisine l'issue du rendez-vous; ils courent à la belle, qui, échevelée et fière de son triomphe, s'écrie : Oui! je suis aimée... il est heureux!... Mais il est mieux de rapporter l'opposition du maréchal de Noailles au mariage de son fils avec une des maîtresses du Roi.

Les indemnités n'auraient pas pour but secret, pour effet inévitable de reconstituer l'ancienne Aristocratie, que ce serait encore la servir que de lui faire redouter ses traditions et ses mœurs d'autres fois. Pourquoi n'apprécie-t-elle pas mieux les avantages que lui offre la position où l'ont mise la Révolution et ensuite la Restauration? C'est seulement lorsque la probité et l'honneur règnent dans un État que la masse des citoyens respecte les classes qui, par leur éducation et par leur rang, en doivent être principalement les dépositaires. Des sacrifices noblement faits à la patrie peuvent seuls couvrir de l'oubli un passé accusateur, et faire demander à l'histoire des témoignages des services, des qualités, des vertus qui consacrèrent à l'estime publique de grandes familles.

Au lieu de ces sentimens de conciliation dont tant de désastres communs commandent à tous la réciprocité, et qui peuvent conjurer le plus sûrement le retour des orages révolutionnaires, voilà qu'on jette aux passions à

peine calmées un plan d'indemnités qu'il faut que la
Nation paie à une foule presque inaperçue. La prudence
est sacrifiée à l'orgueil, la justice à l'intérêt : on ne craint
pas des souvenirs redoutables, on les provoque, on les
brave. Les partisans du projet s'en vont répétant qu'un
déficit de 54 millions a seul causé la submersion générale. Que n'énumèrent-ils donc les dilapidations des traitans, les déprédations des Grands, leurs richesses gros-
sies, durant des siècles, par les priviléges, par les emplois, par les pensions ; qu'ils considèrent le Clergé, si
empressé à porter à Rome une partie de ses immenses revenus, et qui semblait accorder une aumône plutôt qu'acquitter une dette, quand il lâchait quelques millions dans
le trésor épuisé. On trouverait que les Ordres privilégiés
étaient redevables envers la Nation peut-être de trois
cents fois 54 millions.

Mais déjà il ne s'agit plus de démontrer la légitimité
des indemnités. Comme les chasseurs de la fable, on
s'occupe du partage : on dispute sur les époques du paie-
ment, sans se mettre trop en peine si, parmi la foule
avide, il ne s'introduira aucun de ces chevaliers d'industrie qui, dans la vieille Cour, s'entendaient si bien à faire
des affaires : gens toujours prêts à réclamer des dédommagemens pour des biens qu'ils ne purent jamais perdre.
Lorsque le premier Corps de l'Etat rendit ses hommages
à Charles X, la conversation suivante fut entendue dans
un des salons : Et bien, dit un interlocuteur, le comte
de ** s'attend à l'Indemnité. — Combien en espère-t-il?
— Comme 30,000 fr. de rente. — Vraiment ! c'est tout au
plus s'il avait à lui 3,000 liv. de revenu.

Ce fut en vain, hélas ! que Necker rendît compte à
Louis XVI, en 1780, des abus dont profitait la Noblesse;
la cupidité s'accrut encore. « Votre Majesté, dit le ministre, a été surprise d'apprendre que les pensions, gratifications, appointemens conservés, subsistance, etc.,

formaient annuellement une charge d'environ 28 milions
(en outre 4,566,000 liv.). Je doute si tous les souverains
de l'Europe ensemble paient en pensions plus de moitié
d'une pareille somme. C'est même un genre de dépenses
presque inconnu dans plusieurs Etats... Les mélanges d'é-
tat par les alliances, l'accroissement du luxe, l'habitude
avaient fait, des grâces qui peuvent émaner du trône, la
ressource générale : acquisitions de charges, projets de
mariages et d'éducations, pertes imprévues, espérances
avortées, étaient devenus une occasion de recourir à la
munificence du Souverain... Et comme la voie des pensions, quoique poussée à l'extrême, ne pouvait ni satisfaire les prétentions, ni servir assez bien la cupidité hon-
teuse, l'on avait imaginé d'autres tournures, et l'*on en
eût inventé chaque jour*. Les intérêts dans les fermes,
dans les régies, dans les étapes, dans beaucoup de places
de finance, dans les pourvoiries, dans les marchés de
toute espèce, et jusque dans les fournitures d'hôpitaux,
tout était bon, tout était devenu digne de l'attention des
personnes souvent les plus éloignées, par leur état, de
semblables affaires. Indépendamment de ces différens objets, on sollicitait encore les engagemens du domaine de
V. M., les échanges onéreux à ses intérêts, l'accensement
favorable de terres en non-valeurs, ou la concession de
forêts qu'on prétendait abandonnées ; venaient aussi les
paiemens de faveur sur des pensions arréragées, l'acquit-
tement de vieilles créances quelquefois achetées à vil prix,
leur admission dans les emprunts, et *tant d'autres manières encore*. L'obscurité prévenait la réclamation publique, et l'apparence d'une convenance réciproque déli-
vrait encore du joug de la reconnaissance. »

CHAPITRE XI.

État des Pensions imprimé en 1789.

Le marquis de Ferrières qualifie le *Livre-rouge* « de registre honteux des déprédations, des folles dépenses, des dons abusifs d'un gouvernement à la fois pillard et prodigue. La fouille de ce cloaque fit faire un pas de géant à la Révolution. Il existait un autre registre, nommé *des Décisions*, non moins déprédateur. » Les documens dont s'armèrent, en 1790, les passions exaltées, ne sont plus que des matériaux purement historiques; et l'on peut s'étonner que la publication de ce livre ait provoqué tant de clameurs, et l'État des pensions si peu d'observations. Ce recueil, en 2 vol. in-4°, fut imprimé par ordre de l'Assemblée constituante, et sur les registres fournis par les ministres. Les richesses dont les courtisans étaient comblés, les bénéfices qu'ils se procuraient par les voies indiquées dans les chapitres précédens, profitaient, mais indirectement, à la Noblesse de province. Les familles puissantes à la Cour, soit qu'elles jouissent depuis long-temps d'une grande influence, soit que leur crédit fût récent, avaient de longues parentés; et par orgueil, comme par intérêt, elles se composaient des clientelles des Nobles de ville et de campagne, qui participaient aux faveurs et au pouvoir de leurs patrons. Les pensions contribuaient, avec les emplois et les priviléges, à accroître les fortunes de la Noblesse provinciale.

On voit d'abord, dans l'État de 1789, la classe des pensions qui, uniques ou réunies, s'élevaient à 20,000 liv. et au-dessus. La liquidation des unes datoit de quelques années; d'autres étaient payées par le trésor public de-

puis soixante-dix ans. Bertin est porté pour 3,000 liv.,
après avoir quitté la place de contrôleur-général ; et Ca-
lonne pour 5,000 liv., afin d'être mis en état d'entrer au
conseil ; le duc du Châtelet, 28,500 liv. ; le duc de Coigny, premier écuyer retraité, 50,000 liv. dont 20,000 reversibles à son fils. Le duc de Polignac, premier écuyer
de la Reine, mais en survivance, avait 80,000 liv., toute
cette pension reversible à son épouse ; le marquis de Polignac, premier écuyer de M. le comte d'Artois, touchait
12,000 liv. pour sa charge, et 12,000 liv. pour l'aider,
est-il dit, à se soutenir à la Cour avec la décence conve-
nable à son rang. Le baron de Breteuil recevait 91,729 liv. ;
Sartine, autre ministre, 86,720 liv. ; le maréchal de Ségur, comme ministre d'Etat, 20,000 liv., comme ancien
ministre 30,000 liv., en somme 83,300 liv. ; et Malesherbes seulement 27,080 liv.

Depuis 1776, chaque gouvernement général de province rapportait 60,000 liv., et la première classe en
comprenait trente-neuf : les vingt-un gouvernemens de la
deuxième classe valaient chacun 30,000 liv. Les Etats du
Languedoc devaient payer à Montmorency-Luxembourg
40,000 liv. tant qu'il ne serait pas pourvu d'un gouvernement. Même pension au duc de Fronsac (Richelieu) pour
semblable motif. Goyon de Vaudurand, pensionné à
22,000 liv., avait de plus 8,000 liv. en attendant. Thierry
de Ville-d'Havré touchait en bloc 37,336 liv., dont 23,500
reversibles à son épouse, et 20,000 liv. depuis 1777, pour
lui faciliter l'acquisition de la charge de premier valet-de-
chambre du Roi.

Mlle de Launay, dès 1711, était pensionnée à 4,720 liv.
afin de favoriser son mariage : devenue marquise d'Haussy
et sous-gouvernante des Enfans de France, elle jouissait
en 1789 de 24,980 liv. de pension. A cause des services
de son mari, Mme de Mailly recevait 20,000 liv., autant
que Mathieu Molé, ancien premier président, autant

que la maréchale de Richelieu , qui touchait sa pension sur les appointemens du gouverneur de la Guyenne.
Parce que la maréchale de Mouchy avait été dame d'honneur , elle recevait sur le trésor 35,458 liv ; la maréchale de Mirepoix , dame du palais , 78,000 liv. Gouver-
nantes des Enfans de France , la comtesse de Marsan
avait en pensions 34,560 liv. , et la princesse de Guémenée 60,000 liv. Enfin , cette première classe comprenait
quatre-vingt-trois parties prenantes , et donnait un total
de 2,895,623 livres.

Heureuse, trois fois heureuse la Noblesse ! Tandis que
le laboureur et le bourgeois , accablés d'impôts , et gar-
rottées par les Priviléges, usaient dans la détresse une vie
laborieuse , la pension attendait les Nobles à leur berceau , s'accroissait avec leurs années , grossissait leur patrimoine déjà très-riche ; et qu'ils rendissent des services à
l'Etat, ou qu'ils fussent incapables de le servir, ils ne des-
cendaient pas dans la tombe sans imposer encore à la nation
la charge de leur postérité. L'État des pensions est une espèce de nobiliaire ; sa deuxième classe comprend les pensions de 8,000 à 20,000 liv. On aperçoit les grandes Notabilités et les Notabilités secondaires, des princes et des valets-
de-chambre , l'écuyer à côté du magistrat, et tous les arri-
vans à la fortune. A peine âgée de 16 ans, en 1757, Mme de
Luc - Saluces, dame pour accompagner ordinairement,
obtenait 4,000 liv. de pension reversible à ses enfans et à
leur postérité. La comtesse de Baschi, et par les services de
son père , et en faveur de son mariage avec le comte de
Monteynard, recevait 6,000 liv. de pension reversible à
son mari et à leur postérité. Le comte de Chambord, gentilhomme d'honneur , avait, en 1766 , 4,000 liv. pour
son éducation : en 1783 , on ajouta 6,000 liv. pour faciliter son établissement, avec assurance de 10,000 liv.
d'une autre pension dont jouissait sa mère.

Des millions étaient absorbés par les seules considéra-

tions d'établissement et de mariage. Le prince d'Hénin
était gratifié de 4,000 liv. sur le ministère de la maison
du Roi, en faveur de son mariage; la princesse, à son
tour, recevait des Finances une pension de 4,000 liv.
qui devait aussi lui servir de douaire; de plus, 14,000 liv.
comme dame du palais. La petite-fille d'Ossun, en épou-
sant le duc de la Force, fut dotée sur le trésor de
10,000 liv. de pension. Agée de soixante-un ans en 1789,
Mlle Amelot était pensionnée pour 10,800 liv. depuis
1779, époque de son union avec le marquis de la Force.
Depuis 1741, Mlle de Breteuil touchait 10,000 liv. en
considération et des services de son père et de son
union projetée avec le comte de Clermont - Tonnerre.

Le comte de Turpin-Crissé recevait pour son mariage
consommé en 1759, une pension de 10,000 liv., et une
autre de 20,000 liv. Ainsi le prince de Craon, marié en
1772, continuait de toucher pour cela 8,000 liv. et
11,960 liv. par d'autres pensions. En 1755, mariage
entre Choiseul-Beaupré et Mlle de Montrégard : la caisse
de la guerre payait encore en 89 à ces époux 4,720 liv.
Douze ans employés à des travaux pour fertiliser les
landes du Poitou ne valurent au marquis d'Escars que
2,000 liv. de pension; peut-être parce que, marié en 1761
avec Mlle d'Arguette, il en recevait une autre de 6,080 liv.
La faveur de mariage n'avait procuré que 1,900 liv. à
Mlle de Mailly : elle n'en devint pas moins princesse de
Montbarrey, et reçut 12,000 liv. pour services de sa famille. Agée de vingt ans, la petite-fille du duc de Castries
obtint une pension de 10,000 liv. Des veuves se faisaient
donner des pensions afin qu'elles convolassent en secondes
et en troisièmes noces.

La réversion était un moyen de perpétuer les pensions.
Capitaine de l'équipage du Roi pour le sanglier, d'Ec-
quevilly avait de retraite 10,000 liv., avec réversion de
6,000 liv. en faveur de son épouse; le duc de Gontaut-

Biron, lieutenant-général, recevait 19,000 liv. avec réversion en faveur de celui de ses enfans qu'il voudrait désigner ; Mme de Biaschi, 12,000 liv. , dont 4,000 à cause
des services de feu son mari et des blessures *cruelles* qu'il
avait reçues, et 8,000 liv. à titre de réversion, suivant l'assurance qu'elle en avait eue. Dès le premier jour de son
mariage (1770) la marquise de Narbonne jouit de son
douaire, c'est-à-dire d'une pension sur l'Etat de 8,727 liv.
Au moyen d'une réversibilité rétroactive, Mme Guiguard
de Saint-Priest touchait 15,000 liv. d'abord en 1781 ,
12,000 liv. par réversion suivant décision de 1762 et 1776 ;
puis en 1785, 3,000 livres par supplément et pour en
jouir à compter de 1780. Le vicomte de Gand n'était pas
encore marié quand il recevait 10,000 liv. de pension ré-
versible à titre de douaire. A la mort de son mari retraité
à 15,310 liv. : la comtesse de Montboisier avait à recevoir
13,000 liv. : le marquis de Lescure, âgée de vingt-trois
ans, jouissait aussi d'une partie des grâces qu'avait obte-
nues son aïeule, dame d'honneur. Gayot, conseiller d'E-
tat, recevait à la guerre 24,000 liv. : par réversion, sa
fille eut 8,500 liv. depuis 1768 ; ses deux petites-filles
chacune 3,000 liv.; enfin la survivante devait jouir de
12,000 liv. La réversion amena la substitution. Danger,
lieutenant-général, renonça à une gratification annuelle
de 6,000 liv. pour procurer à son fils, brigadier, une
pension de 4,000 liv. , et à son autre fils 1,000 liv. aussi
de pension. Boisgelin se démit d'une pension de 7,334
liv. au profit de la marquise de Herzelles.

Agé de soixante-onze ans, le marquis d'Asfeld, maréchal-de-camp, n'en attendait pas moins un gouvernement
depuis 1777 qu'il recevait 2,000 liv. dans cet espoir ; en
outre il jouissait de 6,360 liv. pour les services de son
père, et de 3,000 liv. pour les siens propres. Les services
du comte de Chamissot, officier du même grade, ne lui
valaient aussi que 3,000 liv.; mais il avait 6,000 liv. dans

l'attente d'un gouvernement. Fraguier touchait 8,000 liv.,
puis 4,000 liv. dans l'espérance du gouvernement d'Aves-
nes. Le duc de Guiche espérait aussi depuis 1780 la charge
de capitaine des gardes-du-corps ; il avait vingt-quatre ans
et il recevait 10,000 liv. pour sa survivance : déjà, et en
1762, à l'âge de six ans, il touchait 3,000 liv. en considération des services de feu son père, et en 1779, la même
pension avait été doublée, avec réversion de 6,000 liv. pour
douaire de Mᵉˡˡᵉ de Polignac, son épouse. Le marquis de
Jaucourt obtint en 1779 une pension de 8,000 liv. en attendant une lieutenance - générale . il n'avait pas encore
cette charge en 1781, et il eut une augmentation de 4,000
liv. ; enfin en 1789 il était gouverneur du comté de Blaye
et n'en touchait pas moins 12,000 liv. de pension. Ainsi
Mᵐᵉ Berghes recevait 5.400 liv. aux finances dans l'attente d'une place de dame du palais, et Champlost 4,000 liv.
en espérant succéder à son frère, survivancier du premier
valet-de-chambre.

L'Indemnité produisait aussi des pensions. On accorda
3,000 liv. à Hamelin, ancien premier commis du con-
trôle, et 15,000 liv. à titre de retraite et à cause de la mo-
dicité de sa charge qu'il continua de remplir : c'était la recette générale de la généralité de Bourges. Le duc de
Fitz-James succéda à son père, en 1787, au gouvernement du Limousin ; en 1788 il obtint sur la guerre une
pension de 15,760 liv. pour remplacer la portion d'appointemens supprimés sur cette charge. De son côté, la
duchesse de Fitz-James, dame du Palais, recevait aux
finances 6,000 liv. pour l'aider à se soutenir d'une manière
conforme à sa naissance et à son rang. Quand le comte de
la Châtre devint le gendre de Bontemps, celui-ci était
gouverneur des Tuileries, et cette charge avait été con-
servée à sa fille ; mais le comte fut privé du gouvernement
et d'un intérêt sur les fermes, et il n'eut point un domaine
qui lui avait été promis ; il fut indemnisé par une pension

de 12,000 liv. En 1757, la comtesse de Beauvilliers, dame d'honneur en retraite à l'âge de trente-six ans, jouit d'une pension de 18,979 liv. ; son mari, gouverneur du Hâvre, se fit payer 10,000 liv. comme supplément.

C'était sur les affaires étrangères que Mme de Bonnac avait une pension de 4,000 liv., en qualité de dame à accompagner une princesse; mais la duchesse de Narbonne, dame d'honneur de Mme Elisabeth, touchait 14,000 liv. sur le ministère des finances, comme le président de Manibau à Toulouse, qui, pour se soutenir dans sa charge, avait obtenu 6,000 liv. de pension. Le ministère de la maison du Roi payait à Omer de Fleury, 1°. (1755) 7,080 liv. pour services en qualité d'avocat-général; 2°. (1767) 6,000 liv. parce qu'il s'était démis de sa place en faveur de son fils; 3°. (et en 1769) 4,000 liv. pour services comme premier président. Melle de Noailles, duchesse de Duras, en qualité de dame du Palais et pour l'aider à se soutenir avec la décence qu'exigeaient sa naissance et son rang, avait une pension de 9,000 liv. aux finances; la même caisse payait en pensions diverses 13,915 liv. à Mme Mallard, nourrice du Roi; tandis que le ministère de la maison donnait à Mercier de la Source, comme fils d'une autre nourrice, 1,770 liv., comme maréchal-de-camp, 1,500 liv., et puis 2,000 liv., moitié de la pension de son père. Ainsi la baronne de Mackau recevait sur le même ministère, depuis 1775, 2,400 liv. comme sous-gouvernante; en 1778, pour nourriture, 3,600 liv.; en 1776, 472 liv. pour favoriser son établissement; même année 3,000 liv. comme veuve d'un ministre près la diète de l'Empire; en outre 260 liv. comme fille d'un colonel d'artillerie; enfin en 1787, pour services auprès du Dauphin, 2,400 liv. Melle Mackau reçut de même 3,000 liv. en faveur de son mariage avec de Bombelles, mestre-de-camp : le fils Mackau se maria aussi en 1780 à Melle de Chazet, et en attendant que le beau-père eût une place de

finances de premier ordre , le gendre recevait une pension
de 3,000 liv. sans retenue. C'était le ministère des finances
qui payait à la comtesse de Jaucourt, abbesse de Denain,
5,000 liv. par bienveillance de S. M. ; à la fille du vicomte
de Durfort, aussi chanoinesse, une autre pension de
2,500 liv. ; à l'abbesse de l'Argentière , 2,400 liv. pour
la représentation de sa place ; à la première prieure de
Chapitre noble de Saint-Martin . 4,000 en considération
des services de ses ancêtres. Enfin Papillon de la Ferté ,
un des commissaires de la maison du Roi, Mesnard de
Chousy, premier commis du même ministère , Nogaret ,
trésorier d'un prince , recevaient aussi à la caisse des finances , le premier 18,000 liv. , le second 19,400 liv. avec
réversion de 10,000 liv. ; le troisième 13,500 liv.

On ne comptait souvent de *nourriture* qu'aux gens de
la domesticité. Cette subsistance était payée 5,024 à
d'Artès, premier valet-de-chambre du Dauphin, qui, pensionné de 4,966 liv. comme valet , de 300 liv. comme
lieutenant de cavalerie, de 1080 liv. comme capitaine ,
avait obtenu de 1759 à 1766 , cinq pensions montant à
13,180 liv. Mais Hevin , chirurgien ordinaire du Dauphin , n'avait pour nourriture que 1,825 liv. , et pour les
bonnes fêtes que 48 liv. Au lieu de ces fêtes, la première
femme-de-chambre avait 189 liv. , en outre 8,000 liv. de
pension. Valet ordinaire, d'Antigny touchait pour retraite
985 liv. et 1,825 liv. pour nourriture. Pensions, 2,390 liv.,
et nourriture , 1,000 liv.; telle fut la retraite de la blan-
chisseuse de linge de corps de l'un des princes. Un écuyer
ordinaire obtint pour retraite et nourriture 4,472. Deux
vétérans de la musique du Roi avaient chacun de pension
2,000 liv. , de nourriture 1,200 liv. (1).

_____

(1) La rédaction de l'État des pensions est parfois vicieuse. Mme Le
Sénéchal , âgée de trente-cinq ans, 8,000 liv. à titre de douaire, et tant
en considération des services de feu son mari que pour faciliter son mariage

Pensionnaire de l'État, ce dut être un titre honorable dans tout gouvernement juste et sage, parce qu'il suppose être la récompense de services réels et signalés, de talens distingués. On aime à citer les articles de Lagrange, directeur de l'Académie de Berlin, 6,000 liv. (1787) pour lui faciliter les moyens de s'établir et de se fixer en France; de Laharpe, 3,000 liv. pour encouragement; les articles de Chamfort pensionné de 3,200 liv.; de Cappronier, dont la veuve recevait 2,675 liv., en partie pour la valeur d'une collection précieuse d'ouvrages grecs et latins; du savant Lesage, 5,000 pour cession de son cabinet de minéralogie; de Faujas de Saint-Fond, 6,000 liv., pour avoir apporté en France le procédé d'extraire le goudron de la houille et de la pouzzolane. Peut-être faut-il attribuer en partie à la crainte des maladies, qui, depuis des siècles, rendait la Cour si facile sur les spécifiques, les pensions dont jouissaient, le professeur Gamet pour un remède contre les maladies cancéreuses et nerveuses (3,000 liv.); Bascher, auteur d'un remède contre l'hydropisie (3,000 liv.); Lallouet, qui promettait de guérir radicalement les maladies vénériennes (4,000 liv.). Grétry, pensionné en 1771 à 2,400, en 1780 à 3,600 liv.; Piccini, à 6,000 liv.; les deux Vestris, à 5,000 liv.; Mlle Dumesnil, à 3,500 liv.; Molé, à 3,000 liv., dont 2,000 liv. pour services et pour avoir formé deux élèves; Préville, à 2,500 liv.; Gardel, danseur des ballets, à 4,800 pour retraite; l'architecte Perronet, à 5,000 liv., étaient la preuve de la protection royale pour les beaux-arts.

Vermont avait sans doute bien mérité, comme accoucheur de la Reine, une pension de 12,000 liv., car le premier médecin de *Madame* était pensionné de 18,000 liv. Mais pourquoi faire un pensionnaire de l'État de la re-

---

avec lui. Mlle de Civrac, 5,000 pour partie des grâces dont jouissait la *feu demoiselle de Civrac, sa mère*, dame d'honneur.

mucuse des Enfans de France qui, de 1778 à 1787, gagna dix pensions montant à 7,775 liv. ? Pourquoi fournir une espèce d'estimation des parties diverses de l'éducation, en portant sur l'état des pensions Gilbert, maître à écrire du Roi et des Enfans de France, pour
3,075 liv., y compris la nourriture ; Delaval, maître à
danser des Enfans de France, pour 960 liv. ; leur maître
de dessin et aussi porte-arquebuse, pour 6,750 liv. ; le
marquis de Vernon, maître d'équitation de Mme Élisa-
beth, pour 3,000 liv. en 1782, en outre pour 3,000 liv.
en 1783 ; de Caix, maître de viole de Mesdames, pour
3,270 liv. depuis 1750 ; Lagarde, maître de musique des
Enfans de France et compositeur, pour 8,080 liv. ? Hors
des appartemens, qu'étaient-ce que des valets et garçons,
premiers et ordinaires, de la garde-robe, retraités l'un
à 3,445 liv., l'autre à 3,000 liv., un troisième à 6,236,
en considération de leurs services ; tandis que Duplessis
d'Argentré, lecteur du Roi et des Princes, avait de retraite 6,000 liv. ?

On conçoit que des gens de la domesticité durent s'en-
orgueillir de voir l'État des pensions devenir pour eux
une espèce de biographie. Dwalz, barbier du Roi, y li-
sait avec fierté : pension de 1,200 liv. en 1752, pour
acheter sa charge ; de 1,000 liv., en 1766, pour ses services ; de 4,400 liv., en 1774, encore pour services avant
l'avènement de S. M. ; de 1,000 liv. en 1785, de 417 liv.
en 1787 : total 7,787 liv. Gelinck, second trompette,
puis contre-basse, puis timballier, retraité à 2,650 liv. ;
Falco, musicien vétéran, à 4,000 liv. ; Selliote, autre vétéran, à 8,516 liv. ; des porte-arquebuses ayant 2 et
3,000 liv. de retraite, n'étaient cependant pas des personnages. Les registres seuls du ministère de la Maison auraient dû contenir les états de service de Bourgnon, qui,
gouverneur des pages de la petite-écurie, gagna de 1779
à 1787 une retraite de 7,000 liv. ; de Pigache, qui, comme

commissaire de marine et puis en qualité d'huissier de
Mme Sophie, fut retraité à 1,800 liv. et à 1,098 liv. ; de
Genouilly, qui, commandant de l'écurie de la Reine, eut
9,980 liv. Quoique intéressé à ce que le trône fût entouré
de splendeur, la Nation ne devait pas apprendre que
Mme de Billy avait gagné en huit années, en qualité de
femme-de-chambre, une pension de 9,720 liv. ; et que
Mme de Lostanges, quoique dame pour accompagner ordinairement, jouissait d'une retraite de 12,000 liv., non en
considération de ses services, mais pour ceux cumulés de
son mari et de son père ; et que la comtesse de Tessé touchait 16,000 liv., savoir : 6,000 liv. en qualité de dame à
accompagner de feue la Dauphine, et 10,000 liv. à cause
de son mari, premier écuyer.

Mais les abus étaient trop invétérés, les fraudes trop
révoltantes, les besoins du trésor trop pressans, pour que
le ministère de 1789 pût les céler plus long-temps. Heureux Louis XVI s'il avait pu rompre les traditions d'une
représentation fastueuse qu'avait accrue encore le despotisme de Louis-le-Grand ! Heureuse la Cour elle même,
que Montesquieu qualifiait d'ennemie née du royaume, si
elle avait réprimé la cupidité et l'orgueil qui la tourmen-
taient en ruinant l'État ! L'Assemblée constituante, que tant
de gens condamnent sans vouloir la juger, comprenait
bien la royauté ; elle servait la monarchie, lorsqu'elle lui
accordait une liste civile ; et cette liste est triple de celle de
plusieurs grands États, et la plus riche de tous les trônes
de l'Europe.

En 1781, la dépense totale de la maison du Roi se
montait à 25,700,000 liv., dont 800,000 liv. pour la table, et 8 millions pour la garde-robe, les écuries, la cassette et la verrerie. Les dépenses des maisons de *Monsieur*
et de M. le comte d'Artois s'élevaient à 8,300,000 liv. Le trésor public payait en outre 7,681,000 liv. pour la maison
militaire du Roi. Il n'est pas vraisemblable que 50 mil-

7

lions environ portés sur le Livre-rouge et payés de 1774 à
1789, aient été un supplément. Les revenus des domaines de
la famille royale suppléaient aussi à ses dépenses. Les apa-
nages de tous les princes composaient la septième partie du
royaume en superficie. Maintenant les domaines de la couronne ne sont plus que de 2 millions. Les intérêts de la
dette de 30 millions reconnue en 1814, coûtent 2 millions.
La liste civile est de 25 millions : celle des princes et
princesses de 7 millions. En outre, 3 millions sont payés
aux gardes-du-corps, et 9 millions à la garde royale en
supplément de ses dépenses ou priviléges sur la troupe de
ligne.

Les *Ordonnances de comptant*, fabriquées pour tant de
centaines de millions dans les orgies de Choisy et du Parc-
aux-Cerfs, et qui créèrent des fortunes encore florissantes,
sont perdues ; beaucoup d'autres registres ont disparu
dans la tempête révolutionnaire. Mais le Livre-rouge et l'E-
tat des pensions de 1789 sont indestructibles. L'Administration possède les registres qui attestent les profits
énormes des traitans : la liste des Émigrés subsiste, ainsi
que celle de leurs biens confisqués, ainsi que celle des
biens qu'ils ont soumissionnés, qu'ils ont recouvrés ; enfin
on a les listes des Colléges électoraux. Il semble que dans
une affaire aussi capitale que celle des Indemnités, la justice et l'intérêt de la France exigeraient que toutes ces
pièces fussent reproduites, méditées, comparées. On ne
devrait pas oublier que, depuis 1776 jusqu'à la fin de 1786,
les emprunts faits par Louis XVI ou pour son compte
s'élevèrent, suivant Necker, à 1,647,200,943 liv. On y
comprend la création d'offices qui, depuis seulement 1780,
procurèrent 39,532,337 liv. ; et les *fonds d'avance*, qui
montèrent à 39,280,000 liv. Les livres des finances con-
tenaient bien plus sûrement que le livre du destin, le sort
terrible qui allait accabler notre malheureuse patrie.

CHAPITRE XII.

Priviléges.

L'histoire des siècles antérieurs à celui que l'adulation a nommé le siècle de Louis XIV, fournirait bien d'autres moyens puissans contre le projet ministériel et aristocratique des Indemnités. Elle dirait la formation des Fiefs, l'origine de ces Comtés que fonda l'usurpation, qu'agrandit la confiscation. Les chartres de la plupart des anciennes propriétés seigneuriales révéleraient des rapines, des usurpations, des violences exercées contre le trône même. Mais laissons à un passé éloigné ses crimes et ses malheurs : la Charte de Louis XVIII est un rempart contre la Démocratie ; puisse-t-elle préserver la France du retour d'une Aristocratie envahissante ! Et d'ailleurs c'est notre Révolution qui seule a 'pu abattre l'arbre de la féodalité : encore, en 1788, il couvrait le royaume de ses branches *mortifères.*

Sans doute, parmi tous les biens confisqués sur l'Émigration, beaucoup étaient légitimement acquis, et ils appartenaient à des hommes bienfaisans. Le nom de Penthièvre sera toujours vénéré. Olivier de Serres, qui planta, dans le jardin des Tuileries, la première pépinière de mûriers qui fut établie en France, honora le siècle de Henri IV, et il ne rencontra pas d'émule dans le siècle de Louis XIV. La Tournelle, honteux des désordres de sa femme (la duchesse de Châteauroux), se retira en Bourgogne dans une terre d'un revenu de 3,000 liv. : il y fit creuser un canal jusqu'à la rivière la plus voisine, acheta le plus qu'il put de bois dans les environs, et il se procura ainsi 52,000 liv. de rente. Chauvel de Perce se

livra avec de grands succès à l'éducation du bétail. Ainsi
l'agriculture réclame parmi la noblesse Duhamel de Mou-
ceau, Varennes de Fénille, Béthune de Charost, Malesherbes, La Rochefoucault-Liancourt que deux siècles
auront possédé. Les soins d'une sage administration enrichirent des familles respectables, avant même de devenir malheureuses. De grands talens, des services éminens
rendus à l'Etat, furent des sources de richesses trop honorables pour ne pas s'affliger de ce que la confiscation
ait frappé également les descendans de Turenne, de Turgot,
de Buffon, et les héritiers de ministres, de courtisans et
de maltôtiers déprédateurs.

Mais presque tous les biens que saisit la confiscation
étaient flétris par le Privilége, qui, depuis des siècles,
enrichissait même les nobles sans propriétés. Le voyageur
qui remonte la Seine aperçoit à son embouchure des
bancs immenses qui, stationnaires ou roulant dans les
flots, s'agglomèrent à d'autres bancs ; les obstacles que
leur opposent la nature et l'industrie, ils ne les respectent pas, et ils sèment de dangers la route du navi-
gateur dont la ruine accroît encore leur forte contre la
mer courroucée : le fleuve resserré ensuite son cours,
mais c'est pour ronger ses rives, et ravir incessamment des
héritages qu'il dépose audacieusement dans son sein, et
dont il compose des îles superbes, images des Castes,
images de leurs Priviléges.

Jusqu'en 1789, le Privilége, tel qu'il s'est maintenu
durant des siècles, exerçait une véritable confiscation
d'une grande partie des revenus et des droits des Français,
laboureurs et industriels ; il enlevait à l'Etat une forte
part de ses ressources, et la Noblesse en profitait pour
améliorer et étendre ses possessions. Suivant M. l'abbé
Sieyes, le nombre des privilégiés était au plus de 80,000
Ecclésiastiques et de 120,000 Nobles. L'abbé de St.-Pierre
avait trouvé environ le même nombre ; mais M. de Pradt

ne compte que 99,000 nobles, dont la majorité n'a pas émigré. Plus de la moitié du territoire et des richesses du royaume était possédée par *deux cent mille*, et ils étaient exempts de toutes les charges publiques, qui retombaient sur les *vingt-cinq millions* de Français. Enfin un régime aussi exécrable a été détruit. Cependant le Ministère, oubliant les longues misères du peuple, veut jeter un milliard à l'Emigration, qui s'arma pour défendre le Privilége. Un compte, et un compte immense, est ouvert à ceux qui décoraient leurs rassemblemens à l'étranger du nom de *France extérieure* ; et c'est la France intérieure qui doit encore lui payer le prix de son affranchissement.

Mais, dit la Patrie avec le calme de la force et la puissance de la justice, mais mon sein est tout sillonné des éclats de la foudre que le passé avait nourrie. — Paye, répond le Privilége. — Tes vexations atroces, les usurpations de ce que tu appelais les premiers Ordres, ont attiré sur moi tous les désastres ! — Paye. — Les maux aussi de tes créatures ont. été affreux ; mais c'est toi qui les leur a causés. Sans toi j'aurais toujours joui de mes droits. Hélas ! après tant de souffrances cruelles, moi qui aimai à croire à la foi jurée et qui n'y manquai jamais, je ne possède pas encore tous ces droits qui sont naturels, qui appartiennent à toute société ! — Paye. — Quand, aux jours de ta peine tu réclamais l'oubli, tu invoquais l'union, dis... Le pardon m'a-t-il coûté ? Comme je m'empressai à soulager le malheur ! Ma générosité se prêta même à des détours : je cédai bien plus que les lois ne me permettaient de donner. — Paye, te dis-je ; de l'argent. — Voudrais-tu te venger de mes bienfaits ? Voici les débris des chaines dont tu m'avais chargée ; ce glaive encore teint de sang est celui dont j'ai été percée. De qui tiens-tu le pouvoir de me parler ainsi, sinon de l'étranger qui m'a spolié de belles provinces, de mes

trésors et des chefs-d'œuvre des arts ? — J'attends depuis
trop long-temps : à moi aussi il faut des indemnités. —
Considère au moins les pertes de l'agriculture que désespère même l'abondance; vois l'industrie luttant contre
la détresse pour étendre ses conquêtes. — L'industrie !
que m'importe ? Souviens-toi du principe suivi par
Louis XIV et Louis XV : « Il est bon que le roturier
sente la nécessité où il se trouve d'obéir , et qu'il ne s'ac-
coutume pas de telle sorte à la propriété de ce qu'il a ,
qu'il se puisse regarder comme indépendant. » (1)

. *La France, c'est moi*, dit Louis XIV, et il fit du Privilége l'appui et l'ornement de son trône ; tous ceux qui
accoururent à sa Cour durent se revêtir de livrées de
toutes les espèces. Descartes, Houel acquittèrent des impôts dont furent exempts un lavandier ou la veuve d'un
portier. Le négociant Crozat dut qualifier d'écuyer l'huissier ordinaire du Conseil. Les *commensaux* recevaient des
gages et devenaient Nobles ; ils jouissaient du droit de
committimus , de préséances et de droits honorifiques dans
les cérémonies publiques et particulières. Leurs charges
ne pouvaient être mises en partage dans les successions ;
ils étaient exempts de toute saisie, de toute hypothèque,
des tutelles et curatelles ; exempts des taxes de francs-fiefs,
franc-aleu , de milice, ban et arrière-ban; exempts des
tailles, subsides , impositions et collectes ; exempts du
guet et garde, de la subsistance et logement des gens de
guerre, des corvées, de tous péages, des octrois, de
toutes les charges de ville. Avant la catastrophe du 20
mars, des conseillers de Louis XVIII proposèrent aux

(1) Vers 1770, la Société économique de St.-Pétersbourg mit au concours cette question : Est-il plus avantageux à un État que les paysans
possèdent en propre du terrein , ou qu'ils n'aient que des biens meubles ?
Le prix fut décerné à un Mémoire de plus de 50 pages d'impression et
écrit en français. L'auteur refusait aux paysans toute espèce de propriété
immobilière.

deux Chambres de rétablir la prévôté de l'Hôtel , juridiction d'exception , tribunal arbitraire qui aurait ramené à
sa suite la foule des commensaux.

Il serait difficile de dire le nombre de ces privilégiés ; il
eût été plus aisé au Tasse de faire le dénombrement des
esprits de la Forêt enchantée. Gentilshommes , gardes ,
valets , même des renardiers , des sommiers et des châ-
treurs de chiens , tous étaient , par arrêts du Conseil , des
commensaux. On comptait 44 charges de gentilshommes
de la vénerie , 25 de gentilshommes de la grande fauconnerie , 20 piqueurs de l'équipage du premier vol pour
corneille, etc. « On pourrait citer, dit un arrêt de 1752 ,
beaucoup d'exemples de magistrats du premier ordre qui
possèdent en même temps des offices des maisons royales.
Les réglemens supposent que les commensaux s'occupent
hors du temps de leur service (il durait trois mois) , puisqu'ils leur assurent la conservation de leurs priviléges
tant qu'ils ne font point d'actes dérogeans ; et il est certain que les offices de judicature, police ou finance, n'emportent avec eux aucun acte de dérogeance. »

En effet, les plus riches particuliers des provinces achetaient même des charges de la fauconnerie. Le seul village
de Surênes comptait huit commensaux. La Forbonnais
cite pour exemple une paroisse imposée à 1,200 liv. :
un propriétaire qui en payait à lui seul la moitié, acheta
pour 4,000 liv. une charge chez le Dauphin ; commensal
il cessa d'être taillable , et son village fut surtaxé de
600 liv. La guerre achevait d'accabler d'impôts la Nation
non privilégiée , lorsque Louis XV osa décider que le
taillable, devenu commensal pour s'exempter des impôts,
rentrerait dans la classe des contribuables jusqu'à la
deuxième année après la paix ; mais le Privilége fut plus
fort que l'autorité royale : cinq mois après l'édit, les commensaux se rétablirent dans leurs exemptions.

Pontchartrain se contentait de dire à Louis XIV :

« Toutes les fois que V. M. crée un office, Dieu crée un sot pour l'acheter. » Le Monarque souriait à l'épigramme, prenait l'argent, et du sot faisait un privilégié, un fonctionnaire de plus. Cet officier n'était plus guère sujet qu'à l'impôt dont ce Roi frappa les perruques (1706). À Dieu ne plaise qu'on accuse nos pères d'avoir manqué de patriotisme : souvent ils surent faire du devoir une vertu. Mais la vanité à satisfaire, le privilége à posséder, l'envie d'amasser de grands biens, accrurent de 40,000 officiers les myriades de privilégiés qui déjà dévoraient l'État. Aussi le Roi déclara-t-il en 1705, qu'il s'apercevait que le nombre des exempts et privilégiés était tellement multiplié, qu'à peine restait-il un nombre suffisant de contribuables pour porter les charges. Cependant la vénalité des offices de maires et d'assesseurs ne datait que de 1692.

Ce serait presque calomnier notre ancien régime municipal que de le comparer avec celui qui le remplace : pourtant nos cités jouissent, depuis 89, d'édifices, d'embellissemens qu'elles désirèrent en vain pendant des siècles. Le Privilége empêchait d'entreprendre beaucoup et d'exécuter bien. Les noms de Rotrou, des Échevins de Marseilles dont le dévouement héroïque surpassa la charité de Belzuncé, devraient être consacrés partout sur le bronze. Mais la foule des acheteurs des offices municipaux touchaient l'intérêt de leurs finances au denier quinze et vingt; ils recevaient des droits taxés, des gages déclarés insaisissables, des traitemens qui absorbaient la moitié des produits des octrois; leur orgueil ne dédaignait pas des présens de bougies, de sucre, etc.; enfin, maires perpétuels et lieutenans, échevins tant annuels que triennels, tous étaient exempts entièrement des charges civiles et locales (1). Il n'y a pas long-temps que les

(1) Par la grande revente que Louis XV fit aux villes et aux provinces des offices municipaux qui leur appartenaient, la ville d'Angers fut contrainte, en 1735, de racheter la propriété des siens 170,000 liv.

hoquetons, les massarts et les fifres ont cessé d'être des privilégiés. Quoique l'administration fût devenue un système complet de déception et un trafic honteux, l'appâts de la noblesse attaché à la plupart des fonctions municipales , l'exemption des impôts, de la milice pour les enfans , l'hérédité de ces offices et de leurs priviléges assurée aux veuves; toutes ces causes expliquent l'accroissement immense que prit dans le xviiie siécle une classe de familles qui remplirent nos villes de bourgeois anoblis ou vivant noblement, et qui ont fourni un fort contingent à l'Emigration.

CHAPITRE XIII.

De la Noblesse.

Une Majesté la plus ancienne, la Majesté nationale , s'est relevée en s'appuyant sur la justice et sur la gloire : elle verse son éclat sur tous les rangs de la société, honore les services de chaque citoyen, et elle inspire à tous l'amour de la patrie, la fidélité au trône, le besoin de l'ordre. Pourquoi donc tant de clameurs poursuivent-elles le siècle qui a opéré cette vraie restauration? Née dans les discordes civiles, notre génération n'aperçut long-temps ni sceptre ni autel , et elle n'eut d'abord pour institutrice que la démagogie. N'est-il pas admirable de la voir s'approcher d'elle-même de tout ce qui est bien; avide de science, éviter les traditions criminelles d'un passé dissolu et les leçons de l'anarchie, et désabusée même des théories, respecter les distinctions sociales, pourvu qu'elles n'attentent ni aux droits ni aux libertés nationales? Esprit public si long-temps attendu, et qui atteste à la fois les progrès de la civilisation, l'empire de la religion, la puissance de la légitimité, les bienfaits de la philosophie.

, Les origines de toutes choses sont connues ; les mystères politiques sont ruinés. Nos pères, victimes de la puissance des Castes, s'en vengèrent durant des siècles par des censures et des protestations qu'ils nous ont transmises ; nous, témoins et victimes de tant de catastrophes, nous nous gardons d'appliquer, même à la politique, cette maxime d'un oracle de l'Eglise : *Credo, quia absurdum est*. Ce serait d'indifférence plutôt que de passion que nous mériterions d'être accusés. On n'abuse plus avec les mots : la sagesse conseille de ne pas provoquer davantage les investigations. Il serait facile d'esquisser l'histoire d'un parchemin qui, arraché des annales des Perses, couvert d'un traité philosophique ou d'une satyre, puis d'une homélie, aurait vieilli dans les greniers d'un couvent, chargé d'une légende, pour devenir ensuite un contrat spoliateur d'une contrée, et tomber enfin dans la caisse d'un riche qui acheta une *Noblesse parfaite et transmissible à sa postérité*, et qui déroule ce parchemin pour s'en faire un titre à l'Indemnité.

Mais la Charte a reconnu la Noblesse ancienne et nouvelle, et la pairie est devenue héréditaire. Ce pacte social a fait à la démocratie une part beaucoup trop faible : c'est néanmoins pour la démocratie qu'il est le plus sacré. La Noblesse nouvelle se contente généralement d'un titre qui ne peut conférer aucun privilége ; et témoins des services nous pouvons apprécier ses droits. L'ancienne Noblesse n'a véritablement contre elle qu'elle même. Sans doute cette Caste eut des qualités propres : l'orgueil national s'offenserait du projet de lui faire répudier l'éclat qu'elle répandit sur la monarchie. On peut lui reprocher son orgueil et son ignorance, sa passion du faste, sa fureur de l'intrigue, blâmer ses violences, et contester

des services qu'elle exagère beaucoup ; mais des vertus
balancèrent ses vices : cupide, elle ne préféra pas toujours l'argent à l'honneur ; long-temps elle fut la déposi-
taire de l'urbanité française. et on dirait qu'elle consti-
tua la noblesse la plus spirituelle et la plus vaillante,
si notre vieille Europe n'avait déjà possédé tant d'autres
noblesses.

La Révolution a procuré à la Noblesse ancienne une réforme salutaire : les abus, qui avaient tant corrompu son
essence, ont disparu ; elle jouit d'un bienfait qu'elle
devrait avouer et qu'elle conteste ; et cette réforme qu'elle
ne pouvait plus demander, qu'elle n'osait pas même espérer, est l'indemnité la plus importante, comme elle
est la seule dont la justice et l'honneur lui permettent de
profiter. Certes, on embarrasserait beaucoup les avocats
des Indemnités si on les obligeait d'exposer franchement
l'institution de la Noblesse, telle que la firent la vénalité
et la politique de nos derniers rois. Louis XIV, de sa certaine science, pleine puissance et autorité royale, anoblit 500
individus en 1696, pour la rétribution de 6,000 livres.
Après la victoire de Denain, il fallut, pour payer les
troupes, se procurer 3 millions par anticipation ; Louis XIV
offrit la noblesse gratuitement, et un intérêt de dix pour
cent, avec remboursement dans quatre mois, à ceux
qui prendraient de cet emprunt pour 200,000 liv. Sur-
le-champ l'emprunt fut rempli. Parce que chaque secrétaire du Roi (ils étaient au nombre de 340) paya
10,000 liv. de supplément de finance, il fut déclaré
et réputé noble de quatre races, et capable d'être reçu
dans tous les ordres de chevalerie.

. On ne voit à la fin de ce règne que créations d'offices,
que vente de lettres de noblesse : nos ministres ne créent
pas plus facilement des rentes. Peu après des édits or-
donnaient l'annulation, au moins la révision de tout
cela. Mais, en 1714, exige-t-on des Nobles qu'ils fassent

des preuves depuis 100 années, la myriade de marquis, de comtes, etc., fraîchement composée, ne subit aucune réduction ; c'est l'édit qui tombe dans l'oubli. On fabriqua plus que jamais des généalogies, et beaucoup d'aînés profitèrent de ces fraudes pour s'emparer de la plus forte part du patrimoine de leurs familles. Le Régent crut un moment diminuer les abus, en supprimant toutes les lettres de noblesse acquises seulement depuis 1689 ; mais la Noblesse épousa la cause de la bâtardise du duc du Maine et des autres enfans de Louis XIV : turbulente, elle s'essaya à devenir factieuse, en conspirant d'abord contre les ducs et pairs, au sujet des niaiseries de l'étiquette. Le Parlement, par son fameux mémoire, surpassa tous les satiriques. Le Système accrut encore la masse de la Noblesse : Choisy et le Parc-aux-Cerfs devinrent, pour ainsi dire, des succursales de la chancellerie. Toutes les recherches contre les usurpateurs de noblesse restèrent inutiles. En vain l'édit de 1771 ordonna-t-il que : « faute par aucuns des anoblis, leurs veuves et descendans, d'avoir dans les délais prescrits payé les sommes fixées, demeureraient déchus de la noblesse acquise par charges ou lettres depuis 1715. »

L'Emigration veut des Indemnités ! eh bien, la noblesse suffirait pour les lui fournir : l'ambition et la vanité sont toujours riches pour se satisfaire. D'abord faites payer toutes les sommes restées dues depuis 1715 ; ensuite, à l'exemple de nos derniers rois, ordonnez une révision sévère de toutes les lettres de noblesse, comme depuis 1700. Si une grosse amende peut jamais être justement exigée, c'est sans doute des usurpateurs de titres, de généalogies. Quelle pitié de voir tant de gens tourmentant les noms bourgeois de leurs pères afin d'y accoler le de ! Combien qui, républicains, puis impériaux, puis monarchiques, sont pris de la folie de ce petit marchand de la ville de Riom, qui avait choisi pour enseigne un

Saint-Esprit avec ces mots : *Veni, sancte Spiritus*. Ce fut
la fortune seulement qui vint. Parce qu'une de ses parentes
fut nommée prieure de la Madelaine à Paris , le boutiquier
auvergnat changea de nom , et se fit M. *de Veni*. La
particule *de* est grosse de tout un budget de voies et
moyens. Que chaque famille qui en décore son paraphe
soit taxée à une certaine somme : qu'au lieu de coupons
de rentes , cinq , dix mille lettres de noblesse soient mises
sur la place , et le trésor trouvera même du *boni* sur les
Indemnités. Beaucoup de Royalistes aussi voient , dans la
confusion des titres honorifiques , un abîme de la Révolution : ce serait un de plus de fermé. Les *Messires* pul-
lulent ; on qualifie de *Grandeurs* les successeurs des
Apôtres , qui lisent partout *Monsieur de Meaux, à Monsieur de Cambrai* ; on salue de *Monseigneur* de simples
directeurs , et jadis des lieutenans - généraux préférèrent
se retirer du service , plutôt que d'obéir à Louis-le-Grand,
qui leur prescrivait d'honorer Louvois du *Monseigneur* ;
même des administrateurs s'arrogent des titres qui ne leur
appartiennent pas ; enfin une foule d'actes publics sont
décorés de la formule *très-haute et puissante dame*, qui
était restée en permanence dans les sacristies.

CHAPITRE XIV.

Richesse de la Noblesse, Misère du Peuple.

Veut-on apprécier les richesses que la Noblesse retirait
de ses priviléges , qu'on suppose qu'ils sont offerts à la
propriété pendant 60 ou 80 années, et qu'après ce temps
elle tomberait dans le domaine public. Les pères de
famille accepteraient les premiers cette condition. Mais
c'était depuis plus de huit siècles que la Noblesse jouis-

sait de ces priviléges, qu'elle se les transmettait, qu'elle les augmentait par l'intrigue, ou les défendait par la révolte. Jusqu'à 89, les Nobles de race et les Anoblis étaient exempts des tailles, des aides, des subsides. Le budget de 1726 comprenait les fermes-générales pour plus du tiers de tout le revenu de l'Etat, évalué à 161 millions. Les bagnés et les prisons recevaient annuellement plus de onze cents malheureux prévenus de faux saunage : la Touraine avait une prison réservée pour les femmes et les filles accusées de ce délit. Les Nobles étaient aussi affranchis de toutes servitudes personnelles, de la milice et des logemens militaires, tandis que des punitions étaient infligées aux pauvres bourgeois qui, pour se préserver des logemens, ôtaient les fenêtres de leurs maisons, en démolissaient les cheminées : des villes entières, à l'approche des troupes, étaient abandonnées. Les Nobles commettaient-ils des crimes, ils déclinaient la juridiction ordinaire : un Anobli, assassin, redevenait noble par lettres de réhabilitation ; mais il descendait à la roture s'il prenait à ferme des terres autres que celles des princes et princesses. Combien de vols, de viols, d'homicides restaient impunis !

> Obscur, on l'eût flétri d'une mort légitime :
> Il est puissant, les lois ont ignoré son crime.
>
> GILBERT.

On lit dans un Mémoire par le duc de Bourgogne : « L'une des plus grandes surcharges des contribuables provient de la quantité de faux Nobles qui se trouvent dans les provinces. » Boulainvilliers écrivait aussi : « Il n'est plus de paroisse où il ne se trouve un certain nombre de petits tyrans, qui se déchargent de l'impôt et le rejettent sur les faibles et les malheureux. Parmi ceux-ci, en est-il qui aient la force de demander raison de l'oppression qu'on leur fait, ils se ruinent en procès ; les haines deviennent implacables, et tout ce que la plus noire vengeance peut inspirer se met généralement en pratique. Tel est l'arbitraire, que des communes paient en surtaxe un huitième en plus de leurs récoltes et produits. Dans 20,000 paroisses il y a plus de 40,000 collecteurs et 5 à 6,000 sergens ou huissiers. Des contrées entières ont été abandonnées, et les habitans sont allés s'établir dans d'autres provinces. Ainsi dans l'élection de Limoges, le cinquième des fermes est absolument inculte, sans habitans et sans bestiaux. » Necker a évalué à 250,000 la totalité des agens du Fisc, et à 35,000 le nombre de ceux qui dévouaient tout leur temps au recouvrement des impôts.

Cependant la recette atteignait à peine, dans certaines années, le tiers de la dépense. Après le désastre de Malplaquet, le peuple, affamé, ruiné, succombait enfin sous le fardeau de la dixme, de la taille, des droits des fermes, des priviléges et attributions des charges et offices, de l'impôt de la milice, des gabelles, etc, etc. Mais à peine le projet d'imposer pour un dixième tous les immeubles est-il conçu, que les grands propriétaires, tout puissans à la Cour, qui, jouissant de tous les privilèges, dévoraient avec elle les dernières ressources de l'État ; *classe d'hommes*, dit Marmontel, *qui ne souffre jamais et qui se plaint toujours*, formèrent une opposition à laquelle le Clergé s'empressa de se rallier. Aussi le dixième ne put-il, durant quatorze mois, procurer au trésor 14 millions. Les administrations provinciales et les ordres privilégiés se disputaient le honteux avantage de montrer le moins de dévouement, pour soulager le peuple, pour sauver la France et l'honneur de la couronne. Déjà, en 1705, le Roi n'avait pu ou n'avait pas voulu imposer les châteaux somptueux et innombrables de la Noblesse : les modestes maisons que les bourgeois avaient aux champs furent seules taxées. Le Fisc en tira environ 4 millions.

Toute la Nation répéta ces mots des remontrances du

Parlement en 1718. « Parmi les courtisans il y en a beaucoup de flatteurs , d'avides , d'ignorans. » Le Gouvernement, en 1725, voulut établir l'impôt territorial du 5o⁰:
Aussitôt le Clergé et la Noblesse recomposèrent leur opposition : le premier ordre mit en avant sa doctrine ordinaire, que le consentement de l'Église doit être obtenu
avant de pouvoir lever des subsides sur les biens ecclésiastiques. Les Parlemens protégeant la bourgeoisie , les
paysans ou gens d'une certaine bassesse, démontrèrent
que l'impôt ne prendrait pas le 5oᵉ mais le sixième, même
le tiers des produits dans quelques provinces. La Cour
n'avait songé qu'à se procurer de l'argent pour soutenir
son faste. Si la Noblesse consentit plus tard à passer la déclaration de ses biens , cette déclaration fut souvent une
perfidie, puisqu'elle servait à l'assiette des impôts que le
crédit et le privilége évitaient ensuite, pour les faire retom-
ber entièrement sur le Tiers - État. Tant il est vrai que
les causes de la Révolution , bien antérieures à l'édit du
timbre et à la subvention territoriale , proviennent de la
cupidité et du privilége des deux Ordres : que c'est à
eux qu'il faut imputer et le déficit de 110 millions en
1787 , et la dette publique accrue, pendant dix ans , de
1,250,000,000 liv. et dont ils reçurent une forte partie
par les pensions , les sinécures, etc.

Le pouvoir absolu ne concevait point de récompenses
sans les flétrir par le privilége. Une des plus belles ordonnances de Louis XIV (1702), alors qu'elle proclame
les services éminens des bons négocians, *veut* que les Nobles qui feront le commerce en gros jouissent des mêmes
exemptions et privilèges attribués à la Noblesse. Ces nobles négocians ne pouvaient être traduits devant les juri-
dictions consulaires : du moins on n'exigeait pas d'eux des
lettres de relief. Les distinctions , les classes et les carac-
tères des privilèges formaient une science. « Les uns , dit
Bigot de Sainte-Croix , sont de province à province; les

autres de ville à ville : il y en a pour les campagnes, pour les chemins. Ceux-ci sont accordés à des compagnies, ceux-là à une seule personne. On en jouit par soi-même ou on les loue. Les uns forcent le propriétaire de laisser son champ inculte pour enrichir son voisin privilégié ; les autres imposent l'obligation d'acheter à tel prix, ou de ne pouvoir vendre ses produits qu'à une époque déterminée. C'est ainsi que les priviléges exclusifs des corps de jurandes arrêtent, dans tout le royaume, les progrès de l'industrie, détruisent la concurrence, ruinent les particuliers, exercent sur le public un monopole odieux, et enlèvent à l'État des branches de commerce utiles. » Le seul Code des marchands de bois égale en volume tout le corps du Droit romain.

Suivant la maxime barbare que *le droit de travailler était un droit royal, que le prince pouvait vendre et que les sujets devaient acheter,* Louis XIV et Louis XV créèrent quarante mille offices. Le Trésor n'en retira pas 40 millions ; il lui en coûta plus de 100 millions en arrérages, et les Communautés levèrent en taxes et en droits de toute espèce plus de 600 millions. Qui entreprit de ruiner le système bizarre, tyrannique, immoral, qui régissait le commerce ? Était-ce le Clergé qui disait, en 1767, que « ces institutions arbitraires ne permettaient pas à l'indigent de vivre de son travail, qu'elles repoussaient un sexe, et le condamnant à une misère inévitable, secondaient la séduction et la débauche ? » Non. La Sorbonne avait même proscrit l'inoculation. Était-ce la Noblesse qui conseillait au vertueux Louis XVI de rendre cet édit ? Elle se défendait encore par le principe féodal *qu'aucun Noble n'est tenu de payer taille, ni de faire de viles corvées,* et que *nul n'est corvéable s'il n'est vilain et taillable.* L'édit de 1776 est de Turgot, l'élève et l'ami des philosophes.

Le *maximum* indemnisait la Noblesse des altérations

des monnaies et de la hausse des marchandises. Ainsi, au
deuil de la mère du Régent (1722), le Conseil d'État défendit aux marchands de vendre les étoffes noires au-dessus d'un prix fixé; et le lieutenant-de-police ordonna des
perquisitions sévères dans les magasins. En 1724, le con-
troleur-général écrivit aux intendans qu'ils ne pouvaient
faire mieux leur cour au Roi et au premier ministre, qu'en
obligeant les débitans de marchandises premières à en diminuer le prix au moins d'un tiers, les chefs des manufac-
tures à baisser, dans la même proportion, le prix de leurs
ouvrages, les ouvriers à subir une réduction dans le prix
de leurs journées. Louis XIV et Louis XV firent brûler,
et par la main du bourreau, des marchandises fabriquées
dans l'Inde. Une ordonnance de 1716 défendit aux Français, *sous peine de mort*, le commerce et la navigation
de la mer du Sud. Le principal effet de cette prohibition
fut la peste de Marseille.

Gouvernemens, intendances, mairies, presque tous
les emplois de l'administration étaient livrés à la Noblesse,
qui formait la majorité dans les Etats provinciaux. Ces
bénéficiers du privilége travaillaient incessamment à le
consolider; de grands propriétaires s'établissaient dans
leurs terres comme lieutenans-de-police; ils organisaient
un espionnage contre les curés, les paysans, contre les
vachères : ils profitèrent des réjouissances publiques, si
folles et si dispendieuses dans le xviiie siècle, pour procurer une espèce de restauration à la féodalité. Ce fut en
France, par le roi Louis XV étant en son Conseil, que
fut rendu en 1731, sur l'avis de tous les intendans, un édit
digne du xive siècle. S. M. défendit, sous peine de
3,000 liv. d'amende, de faire aucune nouvelle plantation
de vignes dans l'étendue des provinces du royaume, sans
sa permission expresse. Le peuple était privé, en 1730,
de la liberté d'avoir des jumens et des étalons : aussi la
cavalerie ne put-elle se procurer 10,000 chevaux dans la

Bretagne et la Comté , tandis que vingt ans auparavant ces provinces en élevaient 40,000. Les fabriques de rouenneries durent être fermées à l'époque des moissons, pour rendre à l'agriculture les bras que l'industrie occupait dans la haute Normandie. Le marquisat de la Norle en Bourgogne , de Roche-Millay dans le Nivernais, belles terres de près de 40 lieues de tour, avec de grandes mouvances , avaient dans leur enclave deux villes assez considérables , mais qui n'étaient plus habitées en 1724.

Courbé sous le double joug du privilége seigneurial et de l'arbitraire de l'administration, le laboureur avait tout à craindre. L'intendant d'une province très-pauvre ayant le dessein d'y encourager l'éducation des abeilles , fit demander le nombre des ruches qui existaient dans chaque paroisse : dès que cette curiosité fut connue, les habitans, fortement persuadés qu'un intendant ne pouvait avoir que des intentions malfaisantes , se hâtèrent de détruire leurs essaims. Par arrêt de 1721, messire Bouthillier, primat des Gaules et de Germanie , archevêque de Sens , enjoignit aux habitans de Nogent-sur-Seine d'ensemencer leurs terres par soles , une année en blé, la troisième de les laisser en jachère. « Il est certain , dit l'auteur de la dîme royale , que les tailles sont exigées avec de si grands frais qu'ils vont au moins à un quart du montant. L'autorité des personnes puissantes et accréditées fait souvent modérer l'imposition d'une ou de plusieurs paroisses dont la décharge doit nécessairement tomber sur d'autres voisines; ces personnes sont payées de leur protection par la plus value de leurs fermes ou de celles de leurs parens ou amis, causée par l'exemption de leurs fermiers et de ceux qu'ils protègent. Le cultivateur vit très-pauvrement lui et sa famille; il va presque nu, et il laisse dépérir le peu de terre qu'il a , de peur que si elle rendait ce qu'elle pourrait rendre étant bien fumée et cultivée, on n'en prît occasion de l'imposer doublement à la taille. La hauteur et la mul-

tiplicité des droits des aides et des douanes provinciales
emportent souvent le prix et la valeur des denrées, soit
vin, cidré; ce qui a fait qu'on a arraché tant de vignes....
On a trouvé tant d'inventions pour surprendre les gens et
pouvoir confisquer les marchandises, que le propriétaire
et le paysan aiment mieux laisser périr leurs denrées chez
eux. »

Vauban, menacé de la Bastille, mourut, comme Racine,
de chagrin d'avoir mérité, par philanthropie, la disgrâce
d'un *autre homme*, expression de Voltaire. Louis XIV
avait cependant entendu Colbert lui dire : « La postérité
mesure la grandeur et l'esprit des princes à l'âme des bâtimens qu'ils ont élevés. Oh! quelle pitié, que le plus grand
roi fût mesuré à l'aune de Versailles! Mais l'évêque de
Fréjus (Fleury), coupable de félonie, le cardinal de Polignac, convaincu de trahison, firent chasser de l'Académie
l'abbé de Saint-Pierre, censeur sévère mais juste de ce
Roi. La postérité conservera de l'admiration pour son
règne; mais elle méprisera ces écrivains qui proposent
pour modèle son gouvernement. Ils se disent chrétiens,
et les privilèges des Castes causaient la dépopulation du
royaume; humains, et nos ancêtres languirent dans le
désespoir de la misère; Français, et notre patrie était
livrée comme une proie aux privilégiés; monarchiques,
et l'histoire des derniers siècles ne les instruit pas sur
les vrais intérêts du trône. Le sort des Grecs, dont la
cause est celle de l'humanité, fut-il donc plus déplorable
que celui de nos pères? Cependant les privilèges retrouvent
des apologistes. M. d'Agoult, ex-évêque de Pamiers, es-
sayait naguère de leur attribuer une origine antique et
brillante.

Quoi qu'on dise, les codes des seigneurs, des dîmes,
et des chasses seront à jamais accusateurs des Castes.
Jusqu'à notre révolution se sont perpétués l'infâme
droit d'aînesse qui estimait un mâle, ici autant que deux

sœurs, là autant que douze ou quinze filles ; le droit
de suzeraineté, qui, constituant le vasselage, rendra douteux que les Français du XVIIIe siècle connussent le droit
de la propriété. Elle était rarement affranchie du cens
seigneurial, du jeu de fief, du champart, et de tant d'autres charges qui la grevaient pour une grande partie de sa
valeur. Le directeur de la banque acheta, en 1722,
pour 1,500,000 liv., une terre dont le quint et requint
montèrent à 365,000 liv. En 1784, le prince de Condé
céda à Louis XVI, pour 7 millions, les droits *utiles* du
Clermontois ; et le duc de Chartres reçut 725,000 liv. pour
les droits d'aides et de sels. Par une semblable rétro-
cession, *Monsieur* toucha 1,800,000 liv. pour rempla-
cement du produit annuel des droits de trépas de Loire
et traites d'Anjou. Les droits recouvrés par les princes
ou les engagistes s'élevaient à près de 3 millions de livres.

Un arrêt du Parlement de Rouen, en 1754, condamna
les censitaires de la marquise d'Hautefeuille, qui l'avaient
injuriée verbalement, à lui demander pardon à genoux,
à l'issue de la messe paroissiale, et à se retirer ensuite
des lieux où elle se trouverait. Tant que des Français
furent contraints à des corvées personnelles, ils ne furent pas des hommes libres, et ces corvées ont démenti
ceux qui attribuent spécialement au christianisme la ces-
sation de l'esclavage. « Un abus bien préjudiciable à l'E-
tat, et qui semble prévaloir de jour en jour, disait le
duc de Bourgogne, c'est l'espèce de tyrannie qu'exercent
sur leurs vassaux les seigneurs particuliers dans des provinces. Ils commandent en despotes des corvées pour
l'embellissement de leurs terres et pour leur commodité
particulière ; ils élargissent et plantent des chemins à
leur profit, contre les ordonnances ; ils établissent sous
des titres supposés des péages, des fours et des moulins
banaux ; en un mot, ils grèvent le peuple d'une multitude de charges qui l'épuisent et le mettent hors d'état

de subvenir aux impositions royales. » De là, tant de grandes routes que nous voyons s'arrêter à des châteaux, tant de travaux que des gouverneurs de provinces avaient entrepris , moins pour l'utilité publique que pour leurs intérêts propres.

Ce n'est pas pour l'avantage d'une famille , mais c'est pour l'intérêt de tous que la légitimité a été reconnue ; il faut donc qu'elle pénètre tout le système du Gouvernement. Mais avant le régime constitutionnel, autant de provinces autant de législations, autant de seigneuries autant de justices : c'était par le nombre des potences que la puissance des Grands se révélait au voyageur. La confiscation, l'amende arbitraire entraient avec les droits de bâtardise, de déshérence, de gibet, dans la valeur des propriétés féodales. Jusqu'à 1789 , tout seigneur ayant le privilége de *banvin* contraignait , par publication au prône, les paysans d'aller à son château ou à sa ferme acheter du vin : il vendait au commerce et à l'agriculture leurs poids et mesures ; et, par la *banalité*, il prenait à son moulin , à son four, à son pressoir, l'argent du pauvre. Encore si le laboureur avait pu jouir du peu qui lui restait ; mais le collecteur le poursuivait sous sa chaumière qu'il réparait , le curé sur la terre qu'il défrichait , et le seigneur dévastait son champ : même dans le temple du Créateur , il était forcé de rendre des hommages à des créatures ; et si son bourg possédait une école , c'était , dit Duval, une vile écurie plutôt qu'un lieu destiné aux premières fonctions de l'esprit humain.

Il faudrait désespérer du peuple si le souvenir des attentats du privilége de la chasse ne l'attachait pas à la cause de la liberté. C'est du nom chéri de Henri IV que sont souscrites les ordonnances qui prononçaient les peines du fouet, des verges, des galères, du bannissement à perpétuité , même la mort, contre les laboureurs qui se préservaient des ravages des bêtes fauves. En 1762, on

remit eu vigueur la législation atrbce contre les gens du
peuple, *vils et abjects*, qualifiés encore d'*inutiles* lorsqu'ils ne pouvaient pas payer une amende de 100 liv.
pour braconnage. Les administrateurs de Seine-et-Marne
disaient, en 89 : « Serons-nous condamnés de nouveau à
respecter des animaux destructeurs, à voir, dans les sai-
sons rigoureuses, des hommes gagés à grands frais étendre avec soin sur la neige une nourriture abondante pour
les bêtes des forêts, tandis qu'à côté des citoyens meurent de faim et envient la pâture des animaux ? » On lit
aussi dans un des cahiers pour les Etats-généraux : « Le
fléau le plus redoutable pour l'agriculture est l'excès du
gibier ; de là, les campagnes dépouillées, les forêts dé-
vastées, les vignes rongées jusqu'à la racine ; de là, les
vexations des agens de l'autorité, les amendes arbitraires
et excessives, les violences, les assassinats commis impu-
nément ; de là, la loi imposée par le seigneur de distribuer les terres ensemencées de manière que le gibier
trouve partout sa pâture ; de là, enfin un dommage public et l'une des causes du renchérissement des denrées. »

Ce dommage fut évalué, par Vauban et Necker, à plusieurs centaines de milliers de fourrages et à plus de
deux millions de setiers de grain, qui manquaient tous
les ans à la consommation de la France ou à son commerce extérieur. Il se faisait néanmoins un grand massacre de gibier. Nous avons sous les yeux une note d'un
prince auguste, qui relate que, dans 51 tirés de 1781,
il abattit plus de 13,000 pièces, dont 3,641 lièvres, 461
en un jour. Le gibier d'une capitainerie rapportait, en
89, au seul capitaine, 40,000 liv. ; Chaumont de la Ga-
laizière était porté sur l'Etat des pensions pour 13,000 liv.
comme capitaine des chasses de Nancy. Le droit de chasse
entrait pour une grande valeur dans le prix des terres.
La France ressemblait à la malheureuse Espagne, où

les Grands laissent vaguer leurs troupeaux de province en province ; ou bien à la Tartarie, qui nourrit des bandes innombrables de gibier pour le profit des Kans. Les seuls bénéfices des priviléges de la chasse, de la pêche et du colombier, auraient suffi pour arracher chaque année à la misère plus de deux millions de Français.

Si les ambassadeurs de Siam, ou Aniaba I (1), si les sauvages américains qui visitèrent Versailles, n'avaient pas été éblouis par le faste théâtral de la Cour, quel n'aurait pas été leur étonnement, en apprenant que ces seigneurs, si fiers dans leurs chars dorés, si éclatans de pierreries et dont ils enviaient la livrée, qui remplissaient de leurs régimens les églises où ils faisaient bénir leur mariage, illuminaient à leurs fêtes leurs hôtels somptueux de mille bougies, de feux d'artifice, et jetaient insolemment des vivres à une populace famélique ; que ces Grands, possesseurs de terres immenses, pourvus des plus riches emplois, gratifiés de pensions énormes, non contens de dissiper tous ces biens au jeu, à la table, au luxe et à leurs plaisirs, prenaient l'argent de la bourgeoisie trop confiante, se paraient à crédit des merveilles de l'industrie, contractaient incessamment des dettes qu'ils ne payaient pas, faisaient quelquefois de leurs créanciers des victimes de leur violence, et, protégés par leurs priviléges, obtenaient encore celui de ne point satisfaire à l'honneur !.. Dans quel Etat nous trouvons-nous, se seraient écriés ces étrangers? Est-ce bien là ce noble et beau pays de France? Ah ! fuyons.

Les Indemnités demandées pour l'Emigration ne suffiraient pas pour dédommager l'ancienne bourgeoisie de toutes les créances que leur firent perdre une multitude

(1) Roi d'une horde de nègres, que Mme de Maintenon fit baptiser et qui, avant de retourner dans ses États, institua en 1701, l'ordre de chevalerie de l'*Étoile de Notre-Dame*.

de Nobles qui, comblés des faveurs de la Cour, étaient des despotes dans leurs terres et des dissipateurs dans les villes. On n'était pas grand seigneur si l'on n'avait des affaires dérangées : on mettait de l'orgueil à s'endetter, du plaisir à baffouer ses créanciers : payer ses dettes était réputé aussi dégradant que de contribuer aux impôts. « De même, dit M. Lemontey, qu'on échappait aux obligations civiques par des priviléges, aux préceptes religieux par des dispenses, et à la justice criminelle par des lettres de cachet, on éluda la justice civile par des lettres de répit. » En vain Colbert, pour fonder le commerce et consolider le crédit, chercha-t-il à réprimer ces fraudes. L'édit de 1673, qui ordonna la publicité des hypothèques, fut révoqué treize mois après. En effet, un *galant homme*, *un homme comme il faut*, ne pouvait souffrir long-temps que la situation de sa fortune fût exposée à l'examen de roturiers. Le mystère enveloppa de nouveau les hypothèques, et les grands seigneurs continuèrent à exploiter la vanité des *Matthieus*, des *Jourdains*.

On voit souvent, dans le xviiie siècle, le Conseil du Roi occupé à expédier des lettres de répit. Les surséances étaient des espèces de banqueroutes que faisaient les Privilégiés. Ce furent eux qui causèrent la plupart des faillites qui désolèrent le commerce. Une foule de Grands, à l'exemple de Louis XIV et du Dauphin, contractaient des mariages clandestins, soit pour cacher des mésalliances, soit pour frustrer leurs créanciers. En 1780, le prince de Vaudemont accabla de tant de coups un fournisseur dont il venait de déchirer le titre, que celui-ci fut en danger de mort. La banqueroute de 20 millions du prince de Guémenée réduisit à la misère une infinité de familles parisiennes. Le cardinal de Rohan, grand-aumônier, et que l'affaire du Collier acheva de rendre infâme, disait en 1782 : « Il n'y a qu'un roi ou qu'un

Rohan qui puisse faire une pareille banqueroute. » Arrê-
tons-nous pour ne pas citer des contemporains.

· « C'était, dit M. de Châteaubriant, une forte con-
ception à nos pères barbares d'avoir attribué des qualités
à la terre... Le nom de l'ancien possesseur revit avec le
nouvel épi. » La métempsycose aurait compté beaucoup
moins de mutations que la propriété. Que de noms char-
gent le frêle épi s'il est né sur ce champ qui, défriché
par un Celte libre, fut dévasté par les Romains et par
les Francs, envahi par un Normand abruti ensuite par la
superstition, et qui se laissa déposséder par des moines !
Philippe-Auguste, en confisquant la Normandie, aban-
donne ce champ à un feudataire puissant, enrichi déjà
des dépouilles des Juifs et des Albigeois; et ses descendans, non moins barbares, traitent en esclave la famille
du Normand attachée à la glèbe. Usurpé par un suzerain
dévoué aux Anglais, le champ est confisqué encore au
profit d'un autre seigneur qui entasse, par les priviléges,
des trésors sur les trésors que ses aïeux ont amassés par
leurs pirateries féodales. Mais, factieux et ruiné par son
ambition, il vend ce champ à un Religionnaire, qui, propriétaire laborieux et intelligent, en obtient de riches
moissons, lorsque la persécution le lui ravit pour le donner à un courtisan délateur. C'est bientôt le domaine
d'une maîtresse ou d'un traitant, qui le charge d'un château somptueux construit avec l'argent du peuple. Le
privilége ne cesse d'en enrichir le possesseur, quand
éclate une révolution qui, vengeresse de l'humanité et
de la liberté, prétend lui ôter non sa terre, mais ses priviléges usurpés. Lui, il court aux frontières, et appuyé
du secours de l'étranger, il tourne son épée contre la patrie, qui ordonne la vente du domaine pour le punir
de son aggression et pour se procurer des moyens de
défense.

Que de générations qui ont transmis à la patrie plus

de droits à l'Indemnité que n'en a la descendance de l'ancien possesseur ! Ce n'est pas seulement dans les autres Etats qu'on voit des *terres qui sont encore, après des siècles, sillonnées par un volcan.* Le sol même de nos maisons n'a pas achevé de consumer les cadavres humains que l'intolérance contraignit les Protestans de lui confier secrètement. « Mais l'Indemnité, ajoute-t-on, n'est pas uniquement un sacrifice d'argent ; la question s'élève plus haut, il s'agit de donner au monde civilisé une grande leçon de morale. » Quel langage de la part de ceux qui autrefois méconnurent tous les droits, qui naguères exigeaient la confiscation ! Quelle morale est celle qui veut prendre au prolétaire une partie de ses faibles ressources ! Vous triomphez... Jouissez de nouveau du privilége ; mais que ce ne soit pas au nom de ce qu'il y a de plus sacré. La Révolution ne nous aurait pas ruinés si vos aïeux avaient respecté la propriété. Songez que cette grande Nation à laquelle vous prétendez donner une leçon, commandait, il y a douze ans, à toute l'Europe et qu'elle pourra encore lui dicter des lois (1).

(1) Sans doute, ces professeurs de l'inviolabilité de la propriété, dont les leçons vont coûter un milliard à la France, empêcheront désormais que les gardes-des-communes ne gardent que les propriétés des indemnisés ; que les seuls chemins réparés à frais communs soient ceux des châteaux ; que l'impôt personnel et mobilier ne soit doublé, pour punir des laboureurs qui auraient tiré, dans leurs champs, sur les nuées de pigeons qui les ravagent de nouveau.

CHAPITRE XV.

Services et Récompenses.

Des noms célèbres dans les fastes de la Noblesse sont
devenus chers à la patrie reconnaissante. Cet Ordre fournit un contingent honorable à la classe des hommes qui,
magistrats, écrivains, guerriers, savans, protecteurs des
arts, illustrèrent le xviiie siècle : nos provinces révèrent
la mémoire d'administrateurs ami du peuple. On doit dire
aussi que la politique constante de Richelieu et de Louvois consista à établir, sous l'éclat d'une Cour superbe,
une confusion qui anéantissait les distinctions (1). « C'é-
tait plaire à Louis XIV, dit St.-Simon, que de se jeter à
corps perdu dans le luxe, en tables, habits, jeux, équipages,
bâtimens. » Mais cette politique, à défaut de l'Histoire,
accuserait l'esprit de la Noblesse. Moins ambitieuse,
cette caste n'aurait pas travaillé à s'emparer, par un luxe
décevant, des charges et des dignités ; moins cupide, elle
n'aurait pas cru qu'*il était honteux d'augmenter son
bien si elle ne commençait par le dissiper* ; plus patriotique, c'est à la chose publique qu'elle aurait consacré ses
services. La Noblesse, rampante à la Cour, y spécula
sur la dépravation : les vices qu'elle y apporta lui ga-
gnèrent les faveurs, et elle reparut dans les provinces dissolue, plus riche, plus avide encore et plus despotique.

« Il n'y a rien que l'honneur prescrive plus à la No-

---

(1) La plus essentielle qualité sans laquelle nul ne pouvait entrer et
n'est jamais entré dans le Conseil de Louis XIV en tout son règne, était la
pleine et parfaite roture, si on en excepte le seul duc de Beauvilliers.
(St-Simon.)

blesse, dit Montesquieu, que de servir le Prince à la
guerre. » Malheureusement Louis XIV lui fournit trop
d'occasions d'exercer sa valeur. Qu'elle courût aux armes
ou qu'elle les déposât, tous ses soins étaient pour la
Cour, théâtre de toutes les intrigues, et sur lequel la
faveur jetait les grades, les colliers, des trésors. Des maîtresses qui s'y succèdent tirent leurs familles de l'obscurité, prodiguent les honneurs à leurs favoris, décident
de la guerre, des plans de campagne. Une princesse repousse du ministère le vertueux Laverdy en le traitant de
polisson ; comme une somme de 100,000 écus promise à
Mme de Narbonne fait préférer l'incapable Maurepas à
Machaut. On admire cette réponse de Louis XIV : « Si
je ne puis obtenir une paix équitable, je me mettrai à la
tête de ma brave Noblesse. » Mais les ennemis n'avaient
pas oublié qu'en 1674 il en avait convoqué l'arrière-
ban, et qu'il ne s'était présenté que 4,000 gentilhommes
et la plupart avec répugnance. « Tous montés et armés
inégalement, dit Voltaire, sans expérience et sans exercice, ne pouvant ni ne voulant faire un service régulier ;
ils ne causèrent que de l'embarras, et on fut dégoûté d'eux
pour jamais. »

Maîtresse de toutes les voix de la Renommée, la Cour
exaltait ou décriait des exploits tant effacés par les exploits qui ont illustré nos armées depuis 1792. L'infanterie sauva la France à Denain. Un homme de guerre a
rassemblé vingt-trois récits différens de la bataille de
Fontenoy : le régiment de Normandie contribua autant
que la maison du Roi au gain de cette journée. Mais,
sans l'ambition et l'incapacité de Grammont, le royaume
n'aurait pas perdu une armée à Dettingen, où la victoire
promettait la prise du roi d'Angleterre. Le fils du maréchal de Richelieu fut nommé à sept ans colonel d'un régiment : son major n'avait que cinq ans de plus que lui.

Duguay-Trouin, après sa glorieuse campagne de 1707,

refusa une pension : homme nouveau comme Chevert et Jean Bart, il croyait, avec Catinat, que la vraie vertu est désintéressée. Mais la Feuillade gagne la dignité de maréchal en élevant la statue de la place des Victoires ; Tallard, Villeroi, vaincus, obtiennent toutes les récompenses, et Boufflers, fils du défenseur de Lille, est fait, à l'âge de cinq ans, gouverneur d'une province. D'Ayen, qui n'a point paru à Fridlingen, apporte à Versailles les drapeaux pris sur l'ennemi : d'Antin, fils de la Montespan, s'est enfui des premiers de cette bataille ; mais une avenue à Petit-Bourg qui déplaît au Roi, disparaît par ses soins dans une nuit, et quatorze jours après le duc est nommé gouverneur de l'Orléanais, et ensuite intendant des bâtimens.

Vers l'époque de la paix d'Utrecht, l'ambassade de France en Espagne coûtait 3,000 liv. par mois, celle de France en Angleterre 4,000 liv. Le duc d'Aumont est nommé ministre à Londres, et quoique le trésor soit vide, il se fait donner 150,000 liv. de traitement. Il se composa, disent les journaux du temps, une suite ou un cortége de 20 aumôniers et de 4 suisses, de 24 gentilshommes et de 20 musiciens, de 2 intendans et de 12 pages, etc., avec quatre carrosses à 8 chevaux, deux à 6, et 50 chevaux de main. Malgré ce faste, ou à cause de lui, la populace de Londres hua l'ambassadeur, et un incendie dévora son hôtel. Il demanda une indemnité ; le Roi lui fit don de 100,000 écus sur la ferme du tabac, et il obtint un brevet de retenue de 500,000 liv. sur la charge de premier-gentilhomme. Eh bien ! l'illustre écrivain dont naguère la courte ambassade à Berlin a coûté, dit-on, 180,000 fr. au trésor, appellerait peut-être la promenade diplomatique du duc un sacrifice fait à l'État et au Prince. De bonne foi, on devrait craindre, avec cet étalage de désintéressement, de rappeler une foule de traits semblables au suivant. Un jour d'hiver ; en 1748,

le comte de Coigny, pour être à portée de suivre le Roi
à la chasse, partit dès cinq heures du matin. Il fut ren-
versé avec sa voiture dans un fossé plein de neige : on l'y
trouva mort. Le maréchal, son père, âgé de 75 ans, représenta que son fils avait perdu la vie par empressement
pour le Roi, et il demanda à jouir de la charge de colo-
nel-général qu'avait le défunt. Il y allait d'un profit ou
d'une perte de 200,000 liv..... Que de gens dévoués, bon
Dieu! que de prétendues victimes qui n'ont pas même
versé sur la neige!

Grâce à l'esprit de notre siècle, pourtant si décrié, la
Noblesse a trop de patriotisme pour imiter la Noblesse
de 1718. Dans ce temps-là, on ne vantait pas comme une
vertu la fidélité, qui, pour tout citoyen, est un devoir
envers le Souverain. Des complots contre le Gouvernement
offraient aux Grands toute sécurité contre la confiscation,
l'espoir de s'enrichir encore des dépouilles des autres,
les chances d'une révolution qui devait au moins calmer,
par de l'argent et des titres, un mécontentement calculé.
Aussi vit-on une partie de la Cour se grouper autour de
la bâtardise, la soutenir dans ses prétentions honteuses, et
la seconder dans ses projets contre l'indépendance nationale. Le manifeste est signé de Châtillon, Laval, Pons,
d'Estaing, Montmorency, Clermont-Tonnerre, Mailly, etc., etc. Le cardinal de Polignac est l'avocat de la
duchesse du Maine; et Laval, Richelieu, Pompadour,
de Mesmes, une partie de la Noblesse de Bretagne et de
Guyenne ont préparé aux armées espagnoles l'invasion
de la France. La cohorte des gentilshommes et celle des
chevaliers de Malte s'écrient avec Beaufremont : « Dé-
truisons les ducs, puisque nous ne le sommes pas ». Le
mot d'ordre est les *États-Généraux!* Plût à Dieu qu'ils
eussent été convoqués! Il y avait trop de corruption et
assez d'esprit public pour que cette Noblesse factieuse et
dissolue échappât à une réforme qui lui eût été si salu-

taire. Chose étonnante ! Après les guerres que l'Europe
confédérée soutint contre la France, les cabinets étrangers, à chaque traité de paix, exprimaient constamment
le désir que le Gouvernement cessât d'être purement mo-
narchique : le rétablissement des Etats-Généraux parais-
sait à leur politique éclairée offrir seul des garanties ; et
la Sainte-Alliance déclare une guerre opiniâtre aux Gouvernemens représentatifs !

Mais le présent n'a-t-il aucuns rapports avec l'époque
du *Système* qui suivit cette conspiration ? Alors les Grands
n'échappèrent pas seulement au *visa*, mais ils se firent
conserver les pensions que le Régent avait prodiguées durant la trompeuse prospérité des finances. Il suffit d'un
simple édit (1722) pour faire mettre à la charge du trésor
public les pensions qui avaient été assignées sur la cassette du Roi. Les finances épuisées devaient pourvoir aux
dépenses du sacre de Louis XV ; l'odieux droit de Pau-
lette fut rétabli, ainsi que la vénalité de toutes les charges
municipales. Voyez surtout quelle avidité pour obtenir
des décorations. Ces solliciteurs voudraient être des Puysieulx. St.-Simon raconte qu'un courtisan de ce nom fut
admis à une audience de Louis XIV. Après avoir obtenu
la permission d'user de l'ancienne familiarité de leur enfance, il pria le Roi de se souvenir qu'un jour jouant à
Collin-Maillard, il lui avait mis son Ordre (du St-Esprit)
pour le cacher mieux, et qu'en lui reprenant le cordon,
il avait promis de le lui donner quand il serait en âge de
le porter. Le Roi rit, et dès le lendemain il commanda
un chapitre à quatre jours de là. Ainsi Puysieulx fut décoré du ruban que Catinat avait refusé, comme n'ayant
pas assez de noblesse (1705).

Si le régime représentatif ne peut protéger entièrement
le trône constitutionnel contre les impostures de l'orgueil
et les manœuvres de la cupidité, quels assauts ne durent
pas livrer ces passions au trône despotique ! Le liberti-

nage éprouva à la Cour des interruptions , la cupidité n'en
connut point. Jamais elle ne se lassa , jamais elle ne fut
repue : deshontée à Versailles , elle était sordide dans les
provinces. Du roi de France les courtisans firent un acca-
pareur de grains. On acheta , on enleva les blés des provinces : ainsi affamées , elles étaient contraintes de racheter
cette denrée que les agens du pouvoir leur livraient à plus
hàut prix , pour le compte de Louis XV. De là les fa-
mines qui désolèrent le royaume. Les funestes conseillers
du bon Louis XVI lui proposèrent , en 1788 , ce honteux
monopole. Ceux qui écrivent sur les déplorables journées
des 5 et 6 octobre , ne veulent pas scruter quels étaient
alors les souvenirs et les souffrances qui , pour le peuple,
devenaient des fureurs. Mais on évite de chercher , dans
le *Parc-aux-Cerfs* , l'origine de grandes et scandaleuses
fortunes , perdues depuis. Les dépenses de cet infâme re-
paire de la dissolution sont évaluées par les uns à 100 millions , par les autres à un milliard : ce fut l'argent de la
Nation qui y solda les plus honteux services . Compren-
dra-t-on dans les Indemnités la terre de 80,000 liv. de revenu
qui devint l'apanage de la Châteauroux ? Lorsque Mme d'E-
tioles fut déclarée maîtresse , en 1745 , elle reçut une
pension de 200,000 liv. avec le marquisat de Pompadour.
En outre des gratifications de 100,000 liv. écus, Louis XV
lui donna ensuite les terres de la Celle , de St.-Remi , les
châteaux et terres de Crécy , d'Aulnai , de Bellevue , de
Brimborion.

Avant d'imposer à la France la charge de ces Indemnités , que de restitutions pourraient , devraient lui être
faites ! Que d'émules de Pleineuf , ce directeur des vivres
qui mettait dans le pain du soldat un quart de terre et
de gravier , et s'enrichissant aussi sur les hôpitaux , obligeait la France à fournir 15 et 20,000 recrues dans une
seule armée ! Un obscur solliciteur , père de quatre enfans et ne jouissant que de 6,104 liv. de rente , se re-

.9

marie à une protégée de la Pompadour; et il devient Intendant du Languedoc. Cette place rapporte 38,000 liv. , et il obtient une gratification de 40,000 liv. pour son ameublement. Quatre ans après, il expose dans un Mémoire qu'il a déjà pris sur son bien 84,000 liv. A sa mort, il laissa plus de 600,000 liv. de rentes en biensfonds à ses enfans, qui reçurent en outre pour ses services de grosses pensions. Cet Intendant avait aspiré à la place de Contrôleur-général des finances : la base de ses opérations projetées devait être la *banqueroute de l'Etat.*

Un état des pensions a sans doute des rapports avec les registres des décès : l'un va grossir l'autre incessamment, et l'égalité ; triomphant de l'orgueil des titres ; doit régner dans leurs inscriptions. Mais qu'un Gouvernement prenne dans le trésor public l'argent des pensions de ses favoris , qu'il atteste sciemment le faux , qu'il assimile à des services honorables les excès du vice ; les manœuvres de l'intrigue, il tue l'émulation, et il provoque l'Etat à reprendre à ses protégés les richesses qu'ils ont ainsi amassées. La Cour ressemblait à une bourse ; à une tontine, à un bazar ; c'était un transfert, un escompte continuel de services personnels et de services d'emprunts. *En considération de ses services* ou *des services de sa famille* était le motif bannal employé pour masquer l'incapacité et dissimuler la fraude : des aïeux respectables devenaient, long-temps après leur mort, comme les complices de leurs descendans, ou ceux-ci leur imputaient des services qu'ils n'avaient jamais rendus. Le mari prêtait des services à son épouse, un valet à des comtesses : des familles entières comptaient plus de services que de personnes , et l'Etat avait à payer tout cet agiotage qui alimentait la fortune des faussaires.

Chaque Menin avait une pension de 6,000 liv. ; celle des intendans était souvent moindre. Chàlup, maréchal-de-camp, était retraité à 8,500 liv. , et une femme-de-chambre à 8,000 liv. Quels services signalés avaient pu rendre des lieutenans en survivance de compagnies réformées de la garde? Néanmoins le duc d'Agenois et plusieurs autres jouissaient d'une pension de 12,000 liv. Celle de Lomenie, ministre d'Etat et lieutenant-général, était de 10,000 liv. , et un ex-écuyer de la petite écurie (Lonlay de Villepaille) avait de retraite 16,000 liv. C'est que cette dernière pension avait été liquidée en 1781, et la première en 1789. Boisgelin de Kergomar, capitaine de vaisseau, recevait, entre autres pensions, 885 liv, comme ex-gentilhomme de la manche de S. M., et 265 liv. pour perte d'un bras dans un combat naval.

Voici quel était l'art de cumuler des services. De Boisgiroult touchait, comme mestre-de-camp réformé, 1000 l.; comme chargé de l'entretien de la petite volière de Saint-Germain, 1,455 liv. ; pour les services de sa femme auprès de feu la Dauphine, 2,360 liv.; et pour les services de son frère, premier valet, 3,000 liv. Faydeau de Brou recevait modestement, 8,000 liv. pour services de son père, et pour les siens propres dans des intendances , 4,000 liv. Ex-commandant de bataillon, le comte de Maillé-Brezé recevait en pension 200 liv. pour les services de feu son frère, 1,500 liv. pour les siens, et 1,500 liv. pour ceux d'un autre frère. Le comte de Valence-Timbrune recevait depuis 1785, pour les services de son frère *existant*, 6,000 liv. En 1738 mourut le marquis de Bonnac; son fils, le comte de Donezan, hérita alors de ses services pour 1,800 liv., et en 1762 pour 1,000 liv. de supplément : en pensions et charges ce comte touchait à quatre ministères 24,000 liv. Mlle Arnoux, devenue marquise des Issarts, eut, en considération des services du père de son mari, 3,000 liv.; elle se remaria au marquis de Rochegude , dont les services lui valurent encore 1,500 liv.; à l'âge de cinquante ans, elle convola en troisièmes noces avec le marquis de Montpesat ; mais c'était vers 1789, et la caisse de la guerre fut débarrassée de cette pensionnaire.

Tantôt les services profitaient à plusieurs parens, tantôt à un seul. En considération du feu comte de Broglie, ambassadeur, son fils eut de pension 5,000 liv., et sa fille 3,000 liv. Le partage des pensions, si noblement acquises à la famille du brave Montcalm, se fit ainsi : 3,540 liv. à sa veuve, 900 liv. à son fils, et à sa fille 400 liv. Le comte de Béthizy, brigadier, recevait depuis 1767, pour services personnels, 3,000 liv.; en outre 2,000 liv.; de plus 5,000 liv. depuis la mort de son père; mais les services paternels ne rapportaient rien au chevalier de Béthizy, maréchal-de-camp : il est vrai qu'il avait 15,540 liv. de retraite, avec l'espoir d'un gouvernement. Les services de plusieurs prélats furent estimés ainsi par des pensions; ceux de l'archevêque de Paris 4,000 à Beaumont neveu; de l'évêque d'Arras 2,200 au comte de Bonneguise, colonel. L'évêque d'Orléans, Jarente, avait deux nièces pour chacune desquelles il sollicita à la Cour une dot de 100,000 liv. L'une, devenue veuve du marquis de La Croix, eut, à titre de réversion et à cause des services de son oncle, 9,000 liv; l'autre, la marquise de Fortia Pille eut 9,000 liv. aussi comme nièce de Jarente, et 3,000 liv. par réversion. Pour compléter sa pension de 11,835 liv., de Coetlosquet recevait 2,000 liv. comme neveu de l'évêque de Limoges, précepteur, est-il dit, de S. M. Mme de Lomenie Poupardin recevait 3,000 liv. pour services de feu son mari, avec assurance de 12,000 liv. après la mort de son oncle l'archevêque de Sens. Il est à remarquer que ces pensions en considération des prélats se payaient à la caisse des Finances; et Dumarsais languissait, comme Rousseau, dans la détresse.

La faim mit au tombeau Malfilâtre ignoré.

Une pension souvent n'était point une retraite, mais

un encouragement et un titre à l'avancement. Le concierge
du château de Saint-Hubert touchait sans retenue 9,454 l.,
tant à cause de ses anciens services que de ceux auxquels
il pourrait être obligé à l'avenir en la même qualité, et il
était âgé de soixante-sept ans. Gillet de la Caze, premier
président à Pau, recevait depuis 1768, par réversion
de la pension de feu son père, 2,000 liv.; en 1782, en
considération de ses services, 6,000 liv.; en 1789, encore
6,000 liv. comme retraite. En 1765, de Montholon,
premier président à Metz, obtint, pour ses services,
4,400 liv.; en 1766, pour les mêmes services et pour
ceux de son oncle, encore 1,696 liv.; même année,
3,000 liv. en considération de son mariage, avec réversion de 6,000 liv. pour douaire : en 89 il cumulait ces
pensions avec les gages de premier président du parlement
de Rouen. Retraitée en qualité de dame d'atours, la comtesse de Montmorin eut 8,163 liv., et la même année
une autre pension de 10,000 liv. De son côté, le comte
de Montmorin touchait 18,325, dont 10,000 liv. pour dix
années de services diplomatiques; en outre il avait un com-
mandement. Ainsi la comtesse de Polignac fut pensionnaire, en 1779, à 3,000 liv.; deux ans après, autre
pension de 6,000 liv. Pensionné de 6,000 liv., encore de
6,000 liv., le comte de Rieux, est-il dit, attendait quelque autre grâce.

On rencontre fréquemment dans ces listes immenses,
surtout dans les dernières classes, des titres honorables à des
pensions légitimes. Le comte de Beust en avait mérité une de
8,000 liv. à cause de la remise de sa recette pour teindre
d'une manière inaltérable les soies et autres étoffes dans
toutes les teintes et demi-teintes. Ce n'est qu'à l'article de
Mme d'Amblimont qu'on lit, 9,000 liv. pour sacrifices
par ses ancêtres de leur fortune et de leur vie au service de
l'État. Burgues de Missiessy et le marquis de Beauharnais,
anciens chefs d'escadre, n'avaient de pension, l'un que

4,000 liv. , l'autre que 3,708 liv. , un peu plus que Bois-
selle, huissier ordinaire réformé de M. le comte d'Artois,
moins que le comte de Dian, porte-manteau de Mme Louise,
beaucoup moins que Mlle de Fleury, dame du Palais, et
qui avait de retraite 5,400 liv. , avec réversion entière en
faveur de sa future belle-fille. La guerre de l'indépendance de l'Amérique procura d'honorables pensions à des
officiers supérieurs. Le duc de Laval, colonel, en obtint une
de 12,000 liv. ; Mathieu de Montmorency, aussi colonel,
une de 4,000 liv. Commandant de l'armée navale, le comte
de Bouexic eut une pension de 6,000 liv. ; et comme en
1784 il devint, de grand'croix de saint Louis, chevalier
du Saint-Esprit, afin de l'indemniser de la perte qu'il
éprouvait au changement de cordon, il eut une pension
égale, 3,000 liv. Le nom de la Fayette n'est point inscrit
sur l'état des pensions ; ce général trouva parmi les siens
un imitateur de son désintéressement : on lit à l'article
du prince de Poix, pensionné à 8,000 liv. : *Il a fait à la
Nation le sacrifice de sa pension.* Nous n'avons vu de
semblables renonciations qu'aux noms de Nicolaï, premier président, pour 10,000 liv. , et de Villedeuil pour
15,000 liv.

Il est remarquable qu'à l'époque où la France jouissait
d'une paix profonde, les services militaires reçurent coup
sur coup des redoublemens de pensions. On en cumulait
quatre, cinq, six ; à peine une pension obtenue il s'agis-
sait d'en emporter une autre, et les services ne manquaient
jamais. Dans quatre années, Montalembert de Cers et le
marquis de Montalembert obtinrent en diverses pensions
29,240 liv. , en qualité d'ex-sous-lieutenans des chevau-
légers réformés. De 1785 à 1788 les princes de Salm-Salm
et Lambesc eurent deux pensions de 12,000 liv.

Terminons cet examen, qui rappelle tant de catastrophes, sans qu'elles aient pu corriger les enfans gâtés de la
fortune, ni éclairer les dispensateurs de ses faveurs. Il n'y a

plus de comte de Rougé , pensionné à l'âge de quatre ans de
4,000 liv., à 26 ans de 10,000 liv., en attendant un fief ;
ni de comte de Saint-Chamans, absorbant 13,500 liv. pour
des motifs différens ; ni enfin de vicomte de Monteil, gratifié
de 503 liv. pour services en qualité de mestre-de-camp et de
6,000 liv. comme gentilhomme de la manche : mais beaucoup *d'autres considérations de services* grèvent de nouveau le trésor public. Dès ce temps-là, l'administration
s'octroyait des pensions de retraite plus fortes que celles
des officiers. Delacroix , âgé de cinquante-un ans , empor-
tait du secrétariat de la marine 6,500 liv. : c'était autant
que le comte d'Hector, les deux tiers plus que la plupart
des capitaines de vaisseau. La Motte-Piquet avait une
retraite de 3,000 liv. , autant que le basson de la musique.
Du Tillet , ancien exempt des gardes-du-corps , touchait
à la guerre 5,000 liv. , et Kellermann , maréchal-de-camp,
3,000. La veuve du concierge du château de la Muette
jouissait par réversion de 6,000 liv., et la veuve du célèbre
Monclar , procureur-général , de 4,000 liv. Montoreux
avait 3,000 liv. pour 52 ans de services, en qualité de
conseiller et de président à Besançon. Callet , porte-faix
de la chambre du feu Dauphin , pouvait bien être un des
pensionnaires de l'Etat les plus probes ; mais fallait-il ,
pour procurer à ce privilégié une pension de 998 liv. , en
attribuer la moitié à la considération des services de son
père, qui lui avait cédé sa charge ?

———————

CHAPITRE XVI.

L'Émigration indemnisée depuis la Restauration.

L'ANTIQUITÉ se préserva des pensions ; le désintéressement était une des vertus patriotiques. Ce sont nos gouvernemens modernes qui, dans leurs bagages, ont traîné
des caisses de pensions, et plus d'un trône a été élevé dessus. Mais supposons que les ruines du Parthenon ou du
temple de Saturne nous rendissent des listes de pensionnaires athéniens ou romains ; comme l'érudition, lasse de
déchiffrer des hiéroglyphes et d'étudier des médailles,
chercherait si le vainqueur de Salamine eut une gratification, si les services de Solon profitèrent à la fortune de
ses descendans, où était situé l'apanage de l'époux
d'Aspasie, le majorat de Cimon ; de combien de mines
étaient les pensions de Thucydide, de Sophocle! On de-
manderait à Rome si elle prit en considération les services de Paul Emile, quels dédommagemens elle accorda
aux victimes de Verrès, comment elle indemnisa les familles exilées, ruinées par les proscriptions de Sylla et
d'Octave. Mais Phocion vécut dans la pauvreté, Aristide
et Démosthènes furent bannis : mais ce sont les Gaulois
de Brennus qui exigent des indemnités ou contributions
de Rome saccagée, et non point les compagnons de Camille ; Cicéron n'invoque pour Marcellus que la clémence
de César, et le sénat repousse, par un ordre du jour, la
pétition de Hortulus.

Ce que l'antiquité n'a pu nous laisser, nous le légue-
rons à la postérité ; heureuse si nos maux ne l'atteignent
pas, si elle ne maudit point la cupidité de ses pères, si

les Indemnités ne provoquent pas des Indemnités contraires ! A défaut de monumens, a dit un de nos meilleurs
écrivains, on pourrait avec le théâtre d'un peuple refaire
son histoire, ou au moins la deviner. Les Indemnités et les
Pensions ont aussi un côté théâtral ; mais le peuple serait
repoussé de cette scène ; car il n'y paraîtrait que sous les
haillons, famélique, sans avoir, comme les chœurs grecs,
la liberté de déplorer les malheurs de la patrie. Mais
une révolution funeste ou protectrice des générations
précédentes, laissât-elle un jour subsister de toutes nos bi-
bliothèques, seulement les états des Pensions de l'ancien régime, des Indemnités et des Pensions de notre époque, que
les hommes d'Etat et les historiens futurs s'expliqueraient
sans peine les causes de la chute d'institutions perverses,
et quelles étaient les institutions que nous nous flattons
de posséder.

Quel débordement de services, diraient-ils ! C'était
comme une épidémie. Cette France dut être harcelée,
tourmentée, attaquée et dans son sein et sur ses frontières, puisque sa reconnaissance lui fut si coûteuse. Mais
voilà des généraux pensionnés pour les services d'anti-
chambre de leurs aïeules ; des religieuses, pour paraître
avec plus d'éclat, sollicitent des faveurs ; mais des offices
de robe, d'épée, gagnés au jeu ou obtenus gratuitement,
procurent des gages, des brevets, et encore des pensions :
ce ne sont que déprédations ; une Caste puissante s'enrichit par le vice, par la persécution, s'enrichit par des
priviléges, par la confiscation. Existait-il alors un Gouvernement?.. Quel est cet autre recueil sextuple du premier ? Ah ! du moins le sang du soldat ne fut point méprisé ; la philosophie passa par là, puisque l'humanité fut
rétablie dans ses droits. Que de malheurs lui coûta leur
conquête ! Sa gloire militaire eut pour théâtre le monde
entier, et pourtant elle ne laissa que des victimes innombrables. Mais deux ères, des vicaires et des colonels, ar-

mée royale, armée républicaine, ex-garde impériale!
Que de vicissitudes, que de désastres!.. Les pensions
furent réglées par la loi, et non plus par l'arbitraire;
elles étaient bien modiques la plupart, mais toute la masse
faitnaître ce problème : Comment les finances de cet Etat
purent-elles subvenir à tant de récompenses, à tant de
secours?... La Nation cependant était chargée d'impôts
les plus énormes; elle n'avait pas un écu qui n'entrât dans
les coffres du trésor, et le Fisc ne lui rendait cet écu que
pour le reprendre aussitôt.

Le grand livre des Indemnités, dirait-on encore, nous
apprend qu'une classe de Français émigra. Elle fut bien
malheureuse lorsqu'elle tenta de rentrer dans sa patrie par
la force des armes; certes elle fut moins malheureuse
quand ses armes lui furent arrachées, et bientôt elle ren-
tra peu à peu. Beaucoup de ses biens avaient été confisqués, beaucoup aussi lui furent rendus; la loi même céda
avec facilité aux familles les biens dont la confiscation
avait été commandée violemment. Alors l'Emigration fut
reconnaissante, elle jura soumission; on l'eût dite repen-
tante : et, délivrée de ses anciennes dettes, elle refit ses
affaires, et les fit bien, parce que l'infortune l'avait ins-
truite. Un grand capitaine monta sur le trône d'où il repoussa la dynastie que l'Emigration avait jurée de défendre; elle se presse autour de lui, le supplie de l'admettre
à son service; elle est propre à tous les emplois, et elle
en obtient beaucoup. Enfin la légitimité est reportée sur
le trône, et l'auguste auteur d'une Charte constitutionnelle dit, en la présentant à la Nation : *Que jamais aucun
souvenir amer ne trouble la sécurité qui doit suivre un
acte aussi solennel.* Quelle n'eût pas été la félicité de la
Nation et de cette dynastie vénérée, si l'Emigration ne se
fût pas soudain jetée entre elles! Mais les Emigrés veulent,
obtiennent des places, des grades, des pensions; leurs
malheurs les avaient préservés des malheurs de leur pa-

trie ; ils occupent tous les postes de son gouvernement , et ils exigent d'elle encore des dédommagemens. En vain le passé , que la justice s'affligea d'interroger , révéla-t-il la source impure de beaucoup de fortunes revendiquées , les Indemnités n'en furent pas moins accordées, partagées. Et la France !... On l'abusait sur sa prospérité. Depuis, cette nation si confiante , si vraiment grande par son génie et par ses mœurs aimables, languit courbée incessamment sous le poids des impôts , contrainte d'entretenir une administration ruineuse , supérieure par l'industrie et réellement pauvre ; sans commerce , mais ayant une aristocratie fastueuse , toute-puissante. O France admirable , si digne d'être heureuse ! quel fut ton sort !

Puisse une postérité très-éloignée n'avoir pas à demander à des ruines, ou à une population misérable , notre belle patrie ! Mais qui songe à l'avenir , qui s'occupe de conjurer les révolutions qu'il amasse peut-être ? Des bords du Rhin , en 1792, fut poussé ce cri ennemi : *à Paris*. A *Berlin*, à *Vienne* , répondirent nos vaillantes armées. L'Europe confédérée s'écria encore en 1814 et 1815, à *Paris*. Maintenant il semble entendre du milieu de la Nation silencieuse , abîmée dans les souvenirs de ses désastres , s'épuisant à réparer ses pertes , ces clameurs de quelques-uns : *à Paris*, *au Ministère des finances... le Grand-Livre*. Et la masse de ce livre, grossie si énormément depuis la Restauration , n'inspire aucune crainte !

A la mort de Louis XIV , la dette publique s'élevait, calculée en rentes à 5 pour cent, à 155,550,000 liv. Au 1er août 1793 , elle se trouva être de 127,803,000 liv. De 1793 à l'an 8, elle s'accrut de 46,913,000 liv. Réduite des deux tiers par la banqueroute de l'an 6 (24 frimaire), elle aurait dû monter à 58,238,000 liv. ; mais le tiers consolidé inscrit ne fut que de 40,216,000 liv. La dette publique s'accrut de 6,086,000 liv. par la dette inscrite pour les pays réunis à la France. Depuis 1800 jusqu'à

1814 , 17,004,000 francs furent ajoutés, dont moitié pour acquitter l'arriéré. Au 1er avril 1814, le total des cinq pour cent consolidés se trouva être de 63,306,000 fr. Depuis 1814 jusqu'à 1822 , la dette nationale a été augmentée de 114,877,202 fr. En y joignant l'intérêt des reconnaissances de liquidation et les charges annuelles de la Caisse d'amortissement , on a le total déjà si effrayant de 237,085,785 fr. La dette flottante de 140 millions pour être consolidée exige 7 millions ; les pensions s'élèvent à 61,673,025 fr. : qu'on ajoute les 30 millions de l'Indemnité , et la France se trouve chargée de 335,738,810 fr. de rente. En outre on évalue généralement à 300 millions en capital les dépenses de la guerre d'Espagne ; et les forêts cédées à la Caisse d'amortissement sont comme frappées de séquestre, en attendant que le Clergé les reprenne.

Pendant les 25 années de la Révolution , quarante-quatre milliards d'assignats ébranlèrent toutes les propriétés, et les fonds publics parcoururent une immense échelle. Les rentes , descendues à 4 pour cent de leurs capitaux , s'élevèrent à 95 , et redescendirent à 45 ; enfin l'intérêt de l'argent fut porté à 2, 3, 4, même 5 pour cent par mois. Que de désastres , que de souffrances , que de banqueroutes qui retombèrent sur la Nation déjà ruinée par le maximum , par les réquisitions ! Long-temps les propriétés ne produisirent aucun revenu aux propriétaires : malgré les contraintes du Fisc, les impôts fonciers furent anéantis. Ces pertes énormes frappèrent toutes les fortunes: l'Emigration en fut seule exempte. Des rentes, elle n'en possédait plus : tandis que les créanciers de l'Etat et les rentiers virent décroître et s'anéantir la totalité de leurs créances et de leurs rentes amorties (1).

_____

(1) Un grand nombre de familles pour lesquelles ne s'ouvrit pas le livre des pensions , souffrent encore et ne seront jamais indemnisées de la

Chargés de dettes déjà anciennes et de dettes nouvelles, beaucoup, en 1791, allèrent passer quelques années à l'étranger : la confiscation leur épargna une expropriation. Rentrés avant et après l'amnistie, ils ont recouvré des biens que les fidéi-commis protégent contre les créances : trois lois depuis 1814 leur accordent en outre des sursis jusqu'en 1820. Ils vont payer enfin. Non : ils prétendent que les lois de la Révolution ont libéré les Emigrés envers leurs créanciers, et la controverse saisit de cette prétention les tribunaux. Mais les créanciers, bassoués avant l'Emigration, ont été contraints ensuite d'accepter un concordat vraiment révolutionnaire, qui leur a rendu peu ou leur a fait tout perdre. Beaucoup aussi, persécutés à cause de leurs anciens rapports avec leurs débiteurs, n'ont pu produire leurs titres plus ou moins réguliers, qui sont passés dans des successions, ou qui se sont perdus. En outre, des arrangemens secrets avec les acquéreurs ont procuré à d'anciens possesseurs des sommes considérables, qui ont été soustraites à leurs dettes. Les lettres de répit de l'ancien régime furent moins désastreuses.

Après l'amnistie, quelques-uns retrouvèrent des dépôts, des trésors cachés ; la plupart recueillirent des successions, dont beaucoup ne leur seraient jamais échues sans la Révolution ; l'industrie, l'économie, les produits des biens conservés procurèrent à d'autres des capitaux. Ceux qu'ils ont placés sur les fonds publics se sont accrus avec l'ascension du crédit. Français, ils ont profité légitimement des bénéfices dont la part de l'étranger a été si forte ; mais jamais ils n'ont ressenti les pertes que les autres rentiers avaient subies durant toute notre Révolution. Le Grand-Livre, et aussi le rejet du projet de réduction de

---

banqueroute de l'abbé Terray, en 1770, montant à 475,031,535 liv., dont un tiers était en viager.

l'intérêt , indiquent et les capitaux considérables et les
bénéfices de ceux des Emigrés qui se sont faits rentiers
et spéculateurs.

Alors que la dette publique ne s'élevait qu'à 63,3000,000 f.
quand la France n'avait pas perdu, à la seconde invasion,
1,500 millions , les Ministres du Roi disaient aux Députés de 1814 : « Il vous a été impossible de réparer les
pertes ou d'alléger la misère d'un grand nombre de Français que leurs affections n'ont jamais rendus étrangers à
leur patrie. »

La Nation, convaincue la première de cette impossibilité,
chercha dans ses rangs , et elle n'aperçut que quelques
gentilshommes pauvres avant l'Emigration , pauvres
après , d'autres , attachés à l'ancienne Cour, qui avaient
perdu des pensions , et un très-petit nombre qui , nouveaux rentrés , retrouvèrent bientôt des dignités et des
emplois salariés. Ils ne furent pas les seuls à jouir de la
part qui leur fut largement faite sur la liste civile. Dans
quel arrondissement ne pourrait-on pas signaler des Emigrés qui , à chaque voyage qu'ils ont fait à Paris depuis
1814, en ont rapporté une pension pour un motif, une
pension pour une autre cause? Si toute la liste de ces
pensions était publiée, on y découvrirait bien des abus
que nous avons signalés plus haut. Un Emigré qui ,
comme le baron Feneste, n'avait *rien fait que pour paraître*, et qui devint baron de l'empire, jouissait de
40,000 fr. de rente quand il reçut, avec la croix de Saint-
Louis , une pension. Comme on lui en marquait de la
surprise : « Je suis pensionnaire du Roi , répondit-il : ce
sera pour mes dépenses à la chasse. »

S'il était possible d'exposer à nu les maux que l'Émigration s'est causés ou que la confiscation lui a fait éprouver , le cœur le moins sensible serait parfois ému. Quel
spectacle que celui de familles tombées d'une grande fortune dans la détresse ! Mais ces Lyonnais qui , foudroyés

dans leur ville, n'étaient échappés à la mort que par la fuite ;
les colons de St.-Domingue, les victimes du 18 fruc-
tidor ; mais beaucoup de familles de négocians, de magistrats, avaient au moins autant souffert. Cependant,
soit par une bienveillance partiale, soit par des sollicitations plus actives, beaucoup d'Emigrés obtinrent des
bourses pour leurs enfans, des pensions pour eux-mêmes.
Des alliances avec les grands, avec les généraux de l'empire, procurèrent à ces familles des richesses et des faveurs. Dès avant la Restauration, les privilégiés de l'ancien régime avaient exploité les priviléges du rang et de
l'infortune.

Plus de la moitié de la Noblesse est restée en France.
Dès la campagne de Champagne, les Emigrés cherchèrent
avec empressement à revenir. L'illusion s'était évanouie,
la vengeance calmée. Malgré une législation violente,
beaucoup rentrèrent, à petit bruit, par des issues diffé-
rentes, mais rentrèrent de 1793 à 1800. Lorsque l'Amnistie ferma véritablement les plaies de la Révolution, ce
fut bien plus aux déportés du Clergé qu'à l'Emigration
nobiliaire qu'elle rendit une patrie. L'esprit de caste n'a-
vait pas cessé d'exister. Un grand nombre d'Emigrés
échappèrent à la confiscation en obéissant à la loi qui
les rappelait. Les familles de ceux qui restèrent à l'Etranger, beaucoup de fermiers et d'amis, dont les services
ont depuis été généralement payés d'ingratitude, dérobè-
rent à la confiscation une masse immense de propriétés ;
et une foule d'administrateurs, à présent destitués, secon-
dèrent les moyens employés pour éluder les lois. Et qui
peut avoir oublié que la Convention, délivrée elle-même
de la tyrannie de Robespierre, s'empressa d'accueillir
la proposition de M. Boissy d'Anglas, appuyée par
M. Lanjuinais, et qu'elle rendit à cent mille familles
innocentes de toute aggression contre la France, des biens
d'une valeur totale de 3 à 400 millions ? Qu'on ajoute

la masse bien plus considérable de propriétés que les
Emigrés amnistiés parvinrent à recouvrer, tous les biens
non vendus qu'ils ont reçus de la Restauration, et le seul
étonnement que peuvent causer les clameurs de l'Indemnité, c'est de les entendre pousser contre la Nation, qui
fut plus malheureuse que l'Emigration.

On ose demander des indemnités au rentier, au com-
merçant, qui n'ont pas même recueilli des cendres de
leurs monceaux d'assignats. Ils ne seraient pas malheureux s'ils s'étaient portés aux ventes de ces biens que
vous avez pu soumissionner ou reprendre par des fidéi-
commis. Vous avez beaucoup recouvré, et vos prétentions sont effrénées! Si vous aviez tout perdu, peut-être
redemanderiez-vous tout; mais l'impossibilité de vous rien
donner vous ferait vivement désirer de ravoir moins, bien
moins que vous ne possédez depuis long-temps.

L'Emigration est en majorité dans les deux Chambres;
elle est donc la plus riche. Il faut à l'Aristocratie, pour
qu'elle reprenne son ancienne puissance, ses antiques
priviléges. L'Histoire les dénonce comme des usurpations, l'humanité, comme des attentats, la France,
comme la source de ses longues misères, la Royauté elle-
même, comme la cause de sa chute. En effet, si des priviléges provenaient de l'abandon fait de fonds de terre
à des communautés d'habitans ou à des particuliers, ces
biens avaient été pris par la féodalité, qui ne les cédait que
pour mieux perpétuer le servage. Enfin l'industrie et l'a-
griculture ont été affranchies, et le commerce, essentiellement libéral, a répandu partout et sur tous ce bienfait
de la révolution. Les avantages immenses qui sont résul-
tés de la destruction des priviléges, ont profité le
plus à ceux qui sont restés ou qui sont redevenus les
plus forts propriétaires. Pour apprécier toutes les richesses
qu'en a retirées l'Émigration, il suffit de considérer, dans
chaque canton, ces grandes terres possédées depuis des

siècles par la Noblesse, et celles qu'elle s'est procurées quand les priviléges, minés par le temps, tombaient en ruines. C'est seulement depuis trente-cinq ans qu'ils ont disparu, et les biens de la Noblesse ont acquis, jusqu'à 1814, une valeur double, qui est devenue triple depuis la Restauration.

Cependant cette indemnité ne satisfait pas. La Convention, pauvre par l'abondance désespérante des assignats, chercha à en arrêter la dépréciation, à procurer des ressources au trésor épuisé, et à soutenir la valeur des biens nationaux mis en vente. Les impôts, les autres charges imposées aux fermiers par les baux, furent compris, par la loi de prairial, dans l'estimation de ces biens. Le Ministère compte parmi ces charges, pour son *vingtième*, le prix des corvées, des dîmes, des droits féodaux. De là, en partie, les 200 millions dont l'Indemnité s'est accrue depuis le 12 octobre dernier jusqu'au 3 janvier. Tant de concessions si injustes, si désespérantes pour la Nation, ne suffisent pas à l'Aristocratie. Elle harcèle ce Ministère, qui lui obéit, pour qu'il lui livre une part plus forte encore de la fortune publique, et elle excite l'Emigration à pousser un *haro* sur tous les biens nationaux. Ces manœuvres ont évidemment pour but de s'assurer le milliard qu'elle n'avait jamais espéré obtenir, de dissimuler sa joie en se le partageant, de jeter dans l'avenir des protestations pour prendre encore des indemnités, enfin, de s'emparer plus vite de tout le gouvernement.

Certes, les cadets des familles nobles ne regrettent pas le privilége d'aînesse : prolétaires parmi leur caste, ils ont recouvré les droits de la nature et de la propriété, et ils ne cherchent plus par une vie vagabonde, couverts d'une cape ou d'une soutane, des moyens d'existence que leur refusaient leurs parens. A l'aspect de ces couvens, qui de toutes parts pèsent tant déjà sur notre sol, quelle fille ne

doit pas remercier la Révolution et s'alarmer de l'a-
venir ! Tous les Emigrés n'avaient pas joui des priviléges domaniaux ; mais tous profitent de l'égalité des
partages, et de l'augmentation que la culture améliorée,
la division des biens , le luxe ont procurées aux propriétés de toute nature.

On s'abuse si de la cause de l'Emigration on prétend
faire la cause nationale. Tous connaissent la tactique des
minorités , qui , dans les rassemblemens populaires , s'es-
quivent, se multiplient pour exercer de l'empire sur les
groupes séparés. Attaquée en masse où dans ses rangs ,
la Nation a trop le droit d'opposer aux intérêts lésés. de
l'Emigration, des intérêts plus profondément blessés et
toujours souffrans. S'il était possible de rassembler toutes
les familles françaises , on les verrait dans la proportion de 1 famille émigrée à 869 non émigrées. Quel
malheur étalerait_cette famille, comparable à tant et de si
vifs malheurs ! Que demanderait-elle à ces laboureurs
dont la chouannerie incendia les chaumières, à qui la ré-
quisition ravit leurs récoltes , comme la conscription leurs
enfans ? L'Emigration s'indignerait justement du rôle dégradant, abject, honteux, qu'on veut lui faire remplir ;
elle oublierait bientôt ses infortunes pour consoler et soulager des maux cruels et immérités. Comment des hommes
puissans , parce qu'ils ne furent pas témoins des tourmens
et des pertes de tous, peuvent-ils entreprendre d'adjuger
à quelques-uns , et le privilége du malheur, et *les bénéfices de la révolution* ?

Un autre produit des indemnités reçues par l'Emigration , produit immense et qui va s'accroître indéfiniment,
est celui des emplois , des dignités salariées. Des Emigrés s'introduisaient dans le cabinet de Danton ; ils se pres-
saient dans les antichambres de Barras et de Fouché , ils
composaient les cercles du prince Cambacérès, et ils ram-
paient aux pieds de Napoléon : tantôt coiffés_du bonnet

rouge, tantôt parés *à la victime* et présidant aux saturnales du Directoire, tantôt se couvrant du manteau de l'espionnage, le jetant pour revêtir l'habit chamarré, reprenant encore le manteau pour imiter ces prêtres apostats, les plus cruels persécuteurs des prêtres fidèles, en livrant des Émigrés à la mort. Des tombes sont là qui attestent ces trahisons, et tant de turpitudes sont d'hier. D'autres, reconnaissans envers l'amnistie, mus aussi par l'ambition ou cédant à des ressentimens nés et nourris dans la terre de l'exil, prêtèrent tous les sermens qui étonnèrent ceux mêmes qui les exigeaient, et ils accrurent par leur félonie nos respects pour les vraies victimes de la cause royale. Mais qu'il fut petit le nombre de ces hommes inébranlables aux séductions de la puissance! *Apparent rari.* A peine compte-t-on quelques familles qui n'aient eu un, ou plusieurs, presque tous leurs membres engagés dans les dignités, dans les administrations, salariés plus ou moins richement. La législation militaire adoucit aussi ses rigueurs à leur profit : si le fils de l'Emigré meurt à côté du conscrit, c'est décoré de l'épaulette, tandis que des cités étrangères reçoivent pour préfet, intendant, l'Émigré qui naguère leur avait demandé l'hospitalité.

Elle revient, la famille de nos Rois, et d'une domesticité si nombreuse, d'un corps qui se qualifiait d'armée, seulement quelques vieux serviteurs suivent ses pas. Mais bientôt palais, ministères se trouvent assiégés par des myriades de solliciteurs ; tous ont été victimes, et ils brillent de luxe ; tous subissent une noble indigence, et déjà ils intriguent pour former la majorité dans les collèges électoraux. L'Emigration obtient toutes les charges de la Cour; sa longue inactivité lui procure des grades, des pensions, des décorations. Du 10 mai 1814 au 31 décembre 1815, dans cet espace de dix-neuf mois, le trésor public est chargé d'une promotion de 134 lieutenans-généraux, d'une promotion de 253 maréchaux-de-camp,

d'une promotion relative de colonels, d'une promotion
de capitaines de vaisseau, de capitaines de frégate : les
promotions sont encore plus nombreuses, l'avancement
est plus rapide dans les finances, dans toutes les parties de
l'administration. « Tout est à moi, s'était comme écriée
la Noblesse en 1814; guerriers, administrateurs, plébéiens, tout ce qui est entre vos mains est mon bien;
honneurs, emplois, tout est mon patrimoine. » Et tout
est à elle.

Quelles places salariées remplit-elle? Ouvrez l'Alma-
nach royal et parcourez le budget. Quels emplois a-t-elle
dédaignés? Vous les trouverez çà et là, dans l'obscurité des
bureaux ou dans les écoles ; et la détresse de guerriers que
la postérité enviera à notre siècle est le premier gage de
l'Indemnité. Ce genre d'indemnités par les emplois, quoique condamné par la Charte, quoique insultant pour la
Nation, serait cependant le moins intolérable; mais il
faudrait que l'incapacité fût repoussée, que les services
gagnassent les salaires; il faudrait que l'économie présidât
à l'administration, qu'elle fût délivrée de ce peuple de
sinécuristes, parasites de l'Etat, et qui insultent par le faste
à la gêne des contribuables. Encore si cette occupation administrative permettait d'entrevoir le terme de sa durée !
Mais la Noblesse a devant elle un long avenir que l'excès
du mal pourra seul déranger.

La Nation compta comme un dédommagement des maux
que l'ancien régime lui avait causés, l'abolition de la vénalité des charges : c'est encore un des mécomptes de la
Nation. L'Aristocratie profite et profitera de cette abolition; déjà il est facile de démontrer les bénéfices qu'elle
en a tirés. Dans l'autre siècle, les lieutenances-générales
de la Flandres et de la basse Auvergne coûtèrent, l'une
220,000 liv., l'autre 115,000 liv; une première présiden-
dence se vendait en province plus de 100,000 liv. Chauvelin, avocat-général à Paris, acheta en 1718 la charge de

président à mortier 650,000 liv. ; et Gilbert-des-Voisins s'arrangea de la charge de Chauvelin pour 450,000 liv. D'Aguesseau, dont le traitement de chancelier était de 30,000 liv., acheta 130,000 liv. une charge de maître des requêtes pour son fils. Pour être maréchal-des-logis des armées, il en coûtait 200,000 liv. : si l'on fit l'acquisition de trois régimens de gentilshommes moyennant 22,500 l., celui de dragons-dauphin se vendit 120,000 liv. Le marquis du Chalart tira 100,000 liv. de son guidon de gendarme, et le comte de Caraman livra sa compagnie du régiment des gardes pour 80,000 liv. Il en coûtait 200,000 l. pour devenir introducteur des ambassadeurs, 300,000 liv. pour l'office de trésorier des écuries, 340,000 liv. pour celui de maître-d'hôtel ordinaire, et 32,000 écus pour la place de bibliothécaire du Roi, autant pour celle de lecteur. Le fameux Vauréal déboursa 100,000 liv. pour être maître de l'Oratoire; l'abbé Leboeuf fit une bonne affaire en achetant 30,000 liv. la charge de sacristain ordinaire de la grande Chapelle. Alors les gardes-du-corps n'étaient guère traités que comme les soldats; leur paie était de 10 sous par jour, celle des mousquetaires de 20 sous. Le prix et non le cautionnement des recettes générales fut fixé, en 1717, à 400,000 liv. pour Paris, 290,000 liv. pour Riom, 280,000 liv. pour Bordeaux, 260,000 liv. pour Rouen, 180,000 liv. pour Caen, etc. Avec 200,000 liv., un puîné pouvait retirer des mains de ses parentes un duché-pairie. Les créanciers du duc de Brissac ayant été obligés de subir des réductions, Cossé de Brissac, son cousin-germain, devint duc et pair.

A présent la pairie procure de fortes pensions; les emplois à la Cour produisent des traitemens les plus riches; les gages fixes (comme l'on disait) de grand-aumônier n'étaient que de 14,400 liv. ; ils sont de plus de 100,000 fr. La préfecture de la Seine reçoit de fixe 100,000 fr., et le traitement du prévôt de Paris n'était que de 8,000 liv.

Les gouvernemens militaires rapportent 40,000 fr. , et celui de l'Ile-de-France ne valait que 22,000 liv. Si les brevets de retenue sont supprimés, les fonctionnaires n'ont plus de finances à fournir, et les survivances se rétablissent au moins indirectement. Des Emigrés ont perdu à la Révolution des charges ou qu'ils avaient achetées ou dont ils avaient hérité ; mais ils ont subi le sort commun à tous les titulaires d'offices. On évalua, en 1790, le prix des offices de judicature et de finance à 800 millions. Et combien de magistrats qui ont perdu la vie avec leurs finances ! Combien dont toute la fortune consistait dans leurs offices ! Il n'est pas une petite ville qui n'ait de ces familles ruinées. Un premier-gentilhomme, qui est payé 50,000 fr. , peut-il bien regretter un brevet de 400,000 liv. qui n'avait rien coûté à ses pères ? Tant il est facile d'opposer à quelques familles émigrées des milliers de familles bien plus malheureuses; tant il est vrai que dans chaque espèce de pertes que l'Emigration a encourues, c'est le Tiers-Etat, c'est aussi la petite Noblesse qui seraient fondés à réclamer des Indemnités.

Quelles sont donc ces *misères* privilégiées que la Nation entière doit être contrainte de soulager ? Avec des traitemens de 10, de 20, de 50,000 fr. , quand on jouit de pensions, de secours, qu'on peut exercer des professions lucratives ; lorsque les fils, les neveux, les petits parens sont pourvus d'emplois salariés, sont boursiers dans les écoles publiques, espèrent, dans les séminaires, l'aumusse et la crosse, est-il généreux, est-il juste de proclamer ses pertes et ses plaintes ? Enfin l'Emigration reçoit annuellement près de *soixante-dix millions de traitemens*, c'est-à dire, le QUATORZIÈME *du budget*. On compte 35 mille Emigrés confisqués : ces 70 millions, également répartis, donneraient donc à chacun 2,000 fr. Ajoutez les autres avantages dont jouit la Noblesse et la classe qui se rapproche d'elle, et vous verrez que, comme

avant 1789 , elle va bientôt absorber le DIXIÈME *des re-*
venus nets de la France (1).

L'expérience, dont il semble que les Gouvernans éludent
les renseignemens , dénonce les services passés pour indi-
quer quels pourront être ceux que produira l'avenir. C'est
à cette France si grande dans les revers , qui a été souillée par tous les crimes , que tous les genres de courage ont
illustrée, qui a vu le magistrat massacré au milieu des
émeutes , le législateur allant avec calme à la mort,
l'homme de lettres bravant l'échafaud , tant de citoyens,
tant de femmes dont les vertus désespérèrent leurs bourreaux ; c'est à notre patrie qu'on prétend imposer la
charge d'un dévouement manifesté au-delà de ses frontières.
A qui ont été rendus ces services , quel en était le but,
et qui en a profité? La royauté est délaissée au milieu de
périls imminens ; c'est sur le Rhin , dans les Alpes qu'on
court pour la défendre : l'Europe arrive en armes à la voix
qui l'appelle , elle vient rétablir le trône de Louis XVI
qui règne encore, quand la loi prononce la confiscation des
biens de l'Emigration. Mais ce sont leurs bannières bigar-
rées que les armées ennemies plantent sur nos villes conquises : et le Roi est tué , et les hordes étrangères sont rejetées
dans leur pays ; et la guerre impuissante de la Vendée
couvre de sang et de ruines l'ouest de la France : l'Emi-

(1) On sait que la répartition n'est pas égale , et qu'elle ne peut l'être.
Un Émigré , père d'un évêque et d'un recteur, reçoit 8,000 fr. de pension
au titre d'ex-conseiller de l'Université impériale ; ministre d'état , cette
sinécure lui vaut 20,000 fr. Pair de France , peut-il refuser la pension de
12,000 fr. quand il a publié que la Pairie doit être pensionnée ? Jamais
père *de famille* n'a tant reçu , n'a tant gardé. C'est au moins , sous ce
rapport, marcher avec le siècle. Eh bien ! cet honorable dignitaire ne
cesse de l'accuser. « On voudrait , dit-il dans sa brochure contre le budget
de 1824 , on voudrait de la modération dans les dépenses publiques , et il
n'y a de modération nulle part : il n'y en a plus ni dans les esprits , ni dans
les cœurs, ni dans les désirs , ni dans les besoins, et une ambition effrénée
pousse les hommes. » *Ab uno disce.*

gration, qu'est-elle devenue ? On nous raconte ses exploits : qui peut douter du courage des gentilshommes français ? On se croit des Xénophon parce qu'on décrit aussi une retraite de Dix-mille. Nous voyons reparaître, disait, en 1814, un brave maréchal, des espèces de Croisés qui ont suivi l'oriflamme en pays étrangers. Hélas ! le léopard, les aigles du Nord n'ont-ils pas ombragé des casques français ? *Milesne Crassi*, etc. Horace (1).

La fortune a trahi la meilleure cause. La fortune ! soit. Mais les victoires provoquées par cette cause ont livré la France à l'anarchie, et ensuite au génie des conquêtes. Que lui reste-t-il pour tant de maux et de tant de gloire ? Qu'eût produit le triomphe ?.. C'est assez de doléances amphatiques ; car si l'affection du paysan vendéen pour son curé et pour son seigneur a été si vive qu'il a rejeté la loi qui l'affranchissait de la dîme et des droits féodaux, plus éclairée, la Nation presque entière bénit cette loi, et s'indigna de ces clameurs d'outre-Rhin qui la menaçaient, pour rétablir l'ordre, du retour des priviléges, et du supplice d'un citoyen par municipalité. Vantez moins l'universalité d'un dévouement qui fixait son terme à cinq ou six semaines, que des lettres anonymes inspiraient, et dont les préparatifs s'arrangeaient à l'Opéra, comme des parties de plaisir. Fabriquez moins d'héroïsme avec des calculs déçus, des revers inattendus. Ne profanez plus le malheur, trop généreux pour s'appuyer jamais sur l'hypocrisie et la sordide cupidité, et qui, résigné aux vicissitudes humaines, continuerait sans vous de pratiquer ce précepte de la sagesse et du patriotisme. *Tempori cedere, id est, necessitati parere, semper sapientis habitum est.* (Cicéron, Lett.)

---

(1) Beaucoup d'Émigrés, partis sans grades, sans emplois, en ont obtenu en Russie, en Suède, en Allemagne, en Angleterre ; et ils sont revenus colonels, généraux, gouverneurs, diplomates. A présent ils sont

~~~~~~

CHAPITRE XVII.

Effets de l'Indemnité.

Un fait patent, c'est que l'Emigration possède et les plus somptueux hôtels et les terres les plus belles. On porte généralement à 7,000 le nombre des familles qui furent frappées de la confiscation : en formant chaque famille de cinq personnes, c'est 35,000 individus. Or, la population de la France s'élève à 30,451,191 individus (Ordon. roy. du 15 décembre 1824). En défalquant le nombre 35,000, on trouve 30,416,191 Français qui n'ont pas émigré. Comme, en comptant par familles, on a pour la totalité 6,090,238 familles ; et, en ôtant les 7,000 confisquées, il se trouve 6,083,238 familles non émigrées.

Suivant les comptes que le Ministère a produits le 3 janvier 1825, la valeur totale des biens confisqués s'élève à 1,297,760,607 fr. 96 cent. La masse des déductions indiquée par le relevé du passif est portée à 309,940,645 fr. Le capital pour lequel l'Indemnité est demandée, demeure fixé à 987,819,962 fr. 96 cent. Mais le Journal officiel du 12 octobre 1824 disait : « Le travail demandé aux agens du Domaine sur le prix des ventes d'immeubles opérées en vertu des lois de la confiscation, a donné 1,091,300,000 fr. Le prix des ventes faites en papier est réduit au cours du jour de l'adjudication ». Soit que d'autres demandes se soient glissées dans les comptes, soit que l'évaluation par le vingtième les ait enflés, du 12 octobre au 3 janvier, l'Indemnité s'est accrue de 206,460,607 fr. 96 c.

---

pensionnés ou employés comme s'ils avaient été au service de la France. Tel dignitaire végéterait, sans la Révolution, dans une obscure gentilhommière.

Le 12 octobre, on évaluait à environ 491,300,000 fr. le passif ou les dettes payées aux créanciers des confisqués : le 3 janvier, ce passif a souffert une réduction de 181,359,355 f. Que sera-ce le 31 décembre 1825? Que sera-ce en 1830? Et combien de supplémens l'avenir garde-t-il en réserve pour l'Indemnité? Le présent même ne fournit rien de déterminé. L'administration du 12 octobre et du 3 janvier, est l'administration qui va commencer, le 22 mars, à opérer sur les malheureux rentiers de l'Etat, et c'est elle qui arrangera, réglera, jugera le partage de l'Indemnité.

. Un milliard est exigé : voilà seulement ce qui est fixé. Par qui doit-il être payé? par plus de 30 millions de Français. Au profit de qui? de 35 mille Emigrés. Comment parvenir à le payer? par du *trois* pour *cent*, dit le Ministère. Mais ceux qui ne craignirent jamais la banqueroute pour les autres, indifférens aux pertes subies par leurs propres créanciers et par les créanciers de l'Etat, redoutent un long atermoiement. Ils n'ont pas souffert de la dépréciation des assignats, mais ils connaissent les désastres qu'elle a causés ; et pour se préserver encore de ceux-là, ils veulent des écus et comptant. Quant à la Nation des 30 millions de Français, le Ministère lui annonce que le milliard de l'Indemnité, qui se présente comme une charge effrayante, n'en est pas une : bien plus, il le fait voir comme une source de prospérités pour la fortune publique. Cependant il ne relâche rien d'un autre milliard qui compose son budget. Voilà bien deux milliards de charges.... Oui, et non, répond le Ministère. Car on accorde à la Nation cinq ans pour payer intégralement le premier ; et les impôts vont être allégés, de fort peu il est vrai, mais enfin ils le seront de quelque peu. Des économies, un budget d'un milliard n'en comporte réellement aucune. Les rentiers sont là qui pourvoiront au déficit, et cela sans qu'ils souffrent de préjudice ;

car si leur revenu subit une réduction forcée, leur capital va s'accroître d'un tiers, sans exagération. Tant pis pour les petits rentiers qui n'agiotent pas ; et qu'ils lisent l'histoire de l'*Homme aux quarante écus.* `

Que si l'on se reporte à l'année 1705, le revenu territorial et industriel de la France était évalué à 1,200,000,000 liv. t. (le marc d'argent à 31 liv. t.), ce qui fait 2,180,000,000 fr., le marc étant à 54 fr. 73 cent. Ce revenu acquittait 261,000,000 liv. d'impôts, équivalant à 455,000,000 fr. ; il laissait de net 939,000,000 liv. ; et la population était alors de 20 millions d'individus. Pour 1789, Lavoisier, Arthur Young, MM. de Tolozan et Ganilh évaluent ce revenu à deux milliards ; mais il était grévé de 681,000,000 liv. de charges et de 75 millions de dîmes ; il ne restait donc de net que 1,244,000,000 liv. La population se trouvait être de 25 millions d'individus, et la contribution de chacun de 30 liv., mais répartie si inégalement, qu'en Normandie elle était de 38 liv., et à Bordeaux seulement de 22 liv. Ainsi, la part de chaque Français était, en 1705, de 77 fr. 25 cent. ; en 1789, seulement de 50 fr. Chacun était donc plus riche en 1705 qu'en 1789, de 27 fr. 25 cent.

M. le comte Chaptal évalue, en 1822 (l'*Industrie française*), les revenus nets et imposables de l'agriculture à 1,345,000,000 fr., et les revenus industriels à 1,404,000,000 fr. : total 2,749,000,000 fr. La population étant de 30,451,191 individus, la part de chacun est de 90 fr. 27 c. La dette publique et les pensions montent à 258,758,810 fr. On évalue à 340 millions la dépense du personnel. Les étrangers et des administrations absorbent une forte portion de la rente. C'est donc un total de 500 millions : et il donne par tête 16 fr. 74 c. Enfin la part de chaque Français est de 107 fr. Mais le budget de l'État s'élève à 900 millions, et celui des départemens, communes et autres à 100 millions au moins. La contribu-

tion individuelle à ce milliard d'impôts est de 32 fr. 83 c. :
il ne reste donc à chaque Français que 74 fr. 18 c.,
c'est-à-dire 24 fr. 18 c. de plus que n'avait le Français de 1789, et 3 fr. 7 c. de moins que la part du Français de 1705.

Poursuivons. Sur 10 millions de cotes d'imposition di-
rectes, 7 millions sont au-dessous de 20 fr. ; sur 287 millions d'impositions foncières, 27 millions seulement ré-
sultent des cotes au-dessus de 1,000 fr; enfin le royaume
ne compte pas 80,000 citoyens électeurs à 300 fr. et au-
dessus. Ce sont donc les pauvres, c'est-à-dire la masse de
la Nation qui paie véritablement l'impôt. Et comment
toute la population se trouve-t-elle répartie ? M. Chaptal
porte à 20 millions la population des campagnes, savoir,
3 millions d'individus qui y vivent sur leurs domaines, et
17 millions de fermiers, journaliers, artisans. Ajoutez les
millions d'ouvriers, de domestiques, de salariés qui habitent dans les villes et bourgs, et vous trouverez, même
en retranchant tous ou presque tous les contribuables au-
dessous de 20 fr., que la France doit nourrir au moins
vingt millions de prolétaires.

On demande pour l'Indemnité, en capital, 987,819,962^f. :
c'est 32 fr. 43 c. à la charge de chaque Français. On
propose de convertir le capital en 30 millions de rente :
c'est par chaque Français près de 99 cent. Il se présente
35,000 Emigrés pour profiter de l'Indemnité : c'est 857 fr.
14 c. de rente pour chaque partie prenante. Cette rente
de 30 millions partagée entre 7,000 familles confisquées,
donne à chacune 4,285 fr.

La part de chaque Français dans la masse nette des produits agricoles et industriels étant de 74 fr. 18 c., il a
par jour 20 cent. Evaluons sa contribution à l'Indemnité à 1 fr., il y devra annuellement le produit de cinq
journées. Pour procurer à chaque indemnisé sa rente de
857 fr. 14 c., il faudra 4,285 journées et demie à 20 c. :

Que si l'on calcule par familles, à cinq individus par chaque, toute famille devra 25 fois 20 cent. à l'Indemnité,
et chacune des familles indemnisées absorbera, pour sa
part, le produit de 21,425 journées.

Ajoutons qu'en séparant dans le budget de l'Etat d'un
milliard, le personnel du matériel, on trouve pour le premier environ 340,000,000 fr., somme dont l'Emigration
absorbe environ 70 millions ou plus du *cinquième*. Chaque Emigré en prend 2,000 fr. pour emploi ; dans l'Indemnité il prendra 857 fr. : total, 2,857 fr. Combien de milliers de jours à 20 c. ! il coûte aux autres Français le produit de 14,285 journées.

Certes, la féodalité elle-même n'imposa jamais de semblables redevances. La nuit des temps couvrait l'origine
des priviléges ; quelquefois, comme honteux de leurs
usurpations, ils allégeaient le fardeau dont ils accablaient
le peuple : les communes s'en étaient enfin affranchies.
Mais l'Indemnité ! c'est le gain et la perte du plus grand
procès qui puisse jamais exister ; car, nous le répétons, il
ne s'agit pas seulement d'argent, mais encore de l'honneur
national. Il faut décider si 30,416,191 Français peuvent
avoir été coupables envers 35,000 individus ; si toute une
grande Nation restée sur son territoire qu'elle a défendu,
qu'elle a enrichi par son génie industriel, doit devenir
la tributaire d'une classe imperceptible, qui s'est expatriée
volontairement, qui a méprisé l'ordre de son roi qui la
rappelait dans ses foyers, la puissance de la loi qui la prévenait des pertes dont sa désobéissance serait châtiée.
Le palais du Ministère des finances deviendrait-il pour
la Nation les Fourches Caudines?

Quels seraient donc les premiers tributaires de l'Emigration? les vainqueurs de Fleurus, de Zurich, de Marengo, qui, achevant d'user leurs forces, courbés sur la
charrue, devraient, dans leur noble indigence, souffrir de
nouvelles privations ! Sans doute ce n'est pas pour les y pré-

parer qu'on leur offre les Decaen, les Lorges, les Grouchy, tous ces généraux qui les menèrent à la victoire, contraints de fournir les premiers tributs à l'Indemnité. Ils n'en seraient pas plus exempts les soldats du héros d'Andujar, insultés naguère par les éloges de ceux qui se disposent à dévorer les fruits de leurs exploits, comme s'il eût été nécessaire que ces braves foulassent un sol étranger pour se réconcilier avec des Français engagés autrefois sous tant d'autres bannières.

Nous sommes au *positif* des monarchies, ne craignent pas de dire, à propos de l'Indemnité, des hommes monarchiques. Ils ne croient donc pas que chaque Français, réduit à 74 fr. pour tous ses besoins de l'année, ne sente ni le *positif* de son indigence, ni le *positif* du milliard d'un budget qui le prive de 32 fr. Depuis la paix, chacun paie le décime de guerre : c'était, il y a peu de jours, la Sainte-Alliance, puis l'arriéré ; hier la guerre d'Espagne, dont le compte n'est pas appuré ; aujourd'hui c'est l'Emigration ; demain ce sera le Clergé, encore la Noblesse pour ses droits féodaux, peut-être même le Pape pour Avignon. Qu'a donc fait la France pour subir le supplice des filles de Danaüs, et qui l'y aurait condamnée? Elle n'avait plus d'abîme à fermer, quand elle en aperçoit un prêt à s'ouvrir, immense, épouvantable, qui menace d'engloutir plus peut-être que ses dernières ressources.

Tant d'efforts, tant de privations pour subvenir aux charges accablantes du passé, ne produiraient aucun soulagement ; ils deviendraient la cause de charges plus dures et flétrissantes ! Nous n'avons plus cependant le gouvernement du *bon plaisir*, pour ouvrir ou pour fermer le grand livre de la dette nationale au gré de ses passions ou de ses intérêts aveugles. La prospérité du crédit public, dit-on, ne fut jamais plus grande ; mais c'est faire ressouvenir et des entreprises qui, durant 25 ans, conspirèrent sa perte, et de certaines fortunes conquises sur les grandes routes, et des masses de faux assignats qui furent jetés sur nos côtes. A quel parti appartenaient ceux qui naguère combattaient les mesures qui ont consolidé ce crédit? Et ne sont-ce pas les rentiers qui l'ont soutenu, qui ont subi toutes ses vicissitudes, qu'il s'agit de dépouiller? Il semble qu'on ait laissé le patriotisme et l'industrie s'épuiser en efforts et en expédiens pour solder tant de budgets, tant d'arriérés, de rançons, tant d'emprunts, afin de s'assurer du moment propice pour se précipiter sur la fortune publique.

Mais y a-t-il réellement fortune? L'amortissement, l'unique cause de la hausse des effets publics, est lui-même très-onéreux à la Nation; sa dotation est de près de 80 millions, et elle suffit à peine contre la dette. La rente ne descendît-elle pas au-dessous de 100 fr., l'amortissement ne rachète guère de la dette qu'un pour cent par an. Quel long avenir pour que le rachat intégral soit consommé! Mais la dotation de l'amortissement va être réduite; et toute son action se portera sur l'agiotage des trois pour cent, qu'il rachettera plus cher qu'il ne fait les cinq consolidés. La France n'aurait pas à craindre le retour des prodigalités de l'ancien régime, qu'il n'est pas douteux qu'avant 1830 la voie si funeste des emprunts sera rouverte.

Déjà, qu'est-ce que l'Indemnité? sinon un emprunt et une contribution; emprunt le plus forcé, qui profitera beaucoup à l'Emigration, beaucoup à l'agiotage, qui concentrera toute la fortune nationale dans le palais de la Bourse; contribution déshonorante, véritable rançon, qui prive de tout allégement l'impôt que la misère de plus en plus croissante contraindra enfin de réduire, qui déjà paralyse l'industrie, décourage, indigne, épouvante les malheureux contribuables. Car tous les discours, les rapports d'apparat ne leur en imposent pas, et les combinaisons ministérielles les effraient : tous sont persuadés que rentes, emprunts, indemnités, ce sont eux et les prolétaires qui

paieront tout, sans que l'avenir leur promette rien autre
chose que des supplémens pour les Indemnités.

La France est essentiellement agricole. Eh bien, quelle
n'est pas la misère de l'agriculture, depuis surtout le
triomphe du parti aristocratique ! La masse du numéraire
a décru de 600 millions : le prix de la terre a haussé, mais
cette hausse provient et de l'accroissement des papiers
d'Etat, qui, faisant l'office de l'argent, ont diminué de
valeur, et de la crainte du retour de l'ancien régime, des
menaces de l'Emigration qui portent le petit cultivateur à
acheter, souvent par emprunt usuraire, quelques perches
de terre. Mais les biens-fonds ne rapportent pas même trois
pour cent, et il est généralement impossible de renouveler
au même prix les baux qui finissent. On pose en fait que
chaque année les propriétaires perdent, par les résilia-
tions, par les remises forcées, par les expropriations, le
dixième du prix des baux ; qu'à la fin de chaque année
il existe un arriéré de près du tiers des fermages ; enfin que
depuis 1822, les revenus ruraux ont éprouvé des pertes et
des diminutions pour 500 millions.

- Et comment en serait-il autrement quand la déception
inquiète tous les intérêts, quand la fraude et la violence
tourmentent les consciences? Quelques années avant la
Révolution, un ministre de Louis XVI disait : « Il est un
mal existant dont on ne doit pas se dissimuler les funestes
effets, c'est la grande misère du peuple des campagnes. »
Maintenant cette misère est un peu déguisée, mais les
besoins sont plus sentis, parce que les moyens de les satisfaire sont devenus plus nombreux et coûtent davantage.
Combien de millions de Français qui ne peuvent se nourrir de blé, qui vivent de châtaignes, couchent sur la
paille ! Dans ces dernières années, le laboureur a constamment perdu 3 et 5 fr. par double hectolitre de grain ; des
milliers de troupes de bêtes à laine ont été détruites ; l'her-
bager n'a pas toujours retrouvé même le prix du bétail

acheté maigre , et tandis que des millions ont été jetés dans
l'étranger pour les remontes , les chevaux de nos meilleures races n'ont pas eu de valeur. Cette année, les grains
ont éprouvé de la hausse ; mais qui peut s'en réjouir? ce
n'est pas le cultivateur, puisque la récolte dernière lui
rend un cinquième de moins que la précédente , qui ne fut
pas bonne ; ce n'est ni le propriétaire alarmé de la difficulté
des semailles , ni l'artisan qui manque de travail ; et déjà
la récolte prochaine doit provoquer toute la prévoyance
de l'administration.

On dit que les visirs du despotisme oriental se confon-
dent souvent dans les rangs du peuple , non pour l'espion-
ner, mais pour interroger sa misère ; on dit aussi que les
mandarins sont obligés de parcourir les campagnes pour
en étudier les produits et les besoins. Que nos ministres ,
que les préfets , s'éclipsant du milieu de leurs palais, ne
visitent-ils des villages, n'y assistent-ils à quelques per-
ceptions ! Du haut des montagnes ou dans les plaines , des
laboureurs leur montreraient douze, quinze villages popu-
leux , qui tous ensemble ne pourraient fournir 12,000 fr.
écus. Ils retrouveraient dans le percepteur la morgue dont
on fait un principe de la considération; mais ils n'en seraient
que plus touchés du spectacle qui s'offrirait à eux. Des familles n'ont pas même pour nourriture le grain prodigué
à leurs coursiers : ils verraient aussi des vieillards couverts de haillons , apporter le prix de leurs privations :
et cette femme, depuis plusieurs heures éloignée de ses
enfans délaissés, ne fixe qu'en soupirant une pièce de 5 fr.
à l'effigie royale, l'unique trésor de sa chaumière , et que
le Fisc va lui prendre. On saurait ce que coûte au peuple
le faste de l'administration , combien de larmes et de sueurs
vont faire verser les Indemnités. Peut être réformerait-on
enfin le mode de recette, qui , faisant apparaître seulement
une fois par mois le percepteur dans chaque village, contraint les contribuables à perdre un jour dans l'attente

de' leur libération , et les rend souvent dupes de mécomptes.

« La France est industrielle. Certes , son industrie ne doit
de reconnaissance ni à l'Emigration ni à l'ancien Régime ;
mais elle succombe sous ses produits, se désespère de ses
progrès : on dirait que, comme le derviche, elle tourne
sur elle-même pour user sa propre activité. Sa prospérité
est factice : la fureur du luxe cache la détresse générale.
La main-d'œuvre est trop chère, parce que le peuple,
manquant souvent de travail , cherche, quand il le peut,
à se récupérer d'un repos forcé. La prohibition sur les
frontières refoule tous les produits dans l'intérieur , et
la politique de notre cabinet leur refuse des débouchés.
Aucun commerce avec l'Espagne , telle que vient de la
refaire le pouvoir absolu qui dénie ses propres dettes : aucun avec l'Orient , où la Grèce proclame par ses succès la honte de la politique européenne , la honte des
peuples esclaves , où l'extermination des Grecs accuserait dans tous les siècles la Sainte-Alliance. Dans l'est de
la France , le vigneron , comme il y a un siècle, reste
pauvre au milieu de ses riches celliers ; dans l'ouest, le
Fisc perçoit sur les boissons un droit supérieur à leur
prix intrinsèque.

Jusqu'à ce qu'un trois mâts mouille devant le Ministère
de la marine, il semble qu'on ne comprendra pas quelles
richesses offrent à la France, et son heureuse situation sur
trois mers, et sa population maritime si précieuse, tant
négligée et si pauvre. Seulement à Bordeaux et à Nantes
quelques arrivages : tout le grand commerce afflue au
Hâvre. Et qu'y voit-on dans les bassins ? Principalement
des Américains et des Anglais. Comme ces nations rivales
vont se réjouir du fardeau de l'Indemnité imposée à la
France, elles qui comptent avec orgueil 35,000 vaisseaux,
qui rencontrent sur les mers quelques-uns des nôtres
comme échappés de nos ports où des milliers pourrissent !

Tandis que les flottes de l'Angleterre , chargées de ses produits , cinglent vers les nouveaux Etats de l'Amérique , qu'elles courent y consolider la liberté par la civilisation du commerce , et s'emparer des trésors de leurs mines , la France s'opiniâtre à verser son sang , son argent , sur cette péninsule qui , depuis plus d'un siècle , est la cause de ses malheurs.

L'Europe confédérée envahirait de nouveau notre territoire , que sa politique ennemie lui conseillerait, non pas de nous enlever 1,500 millions , comme en 1815 , mais de contraindre la Nation à payer à l'Emigration le milliard de l'Indemnité. Un quart de siècle ne suffira pas pour que la France , qui va rétrograder d'autant qu'elle aurait avancé , puisse se replacer au point où elle est encore. Déjà sa fortune , née dans la Révolution , et sur laquelle la Restauration a vécu , lui échappe. L'Indemnité paralyse le présent et livre l'avenir à toutes les prétentions aristocratiques ; l'avenir déjà si alarmant , qui permet trop de calculer l'époque où la France subira la misère des Etats du Midi , puisqu'il est constant qu'elle s'appauvrit chaque année de *cinquante millions* et plus , pour solder en espèces la balance de son compte commercial avec les Nations étrangères. La masse de notre numéraire nous promet-elle quarante ans , nous en garantit-elle trente ? Et à défaut des calculs d'une politique et décevante et aveugle , la détresse croissante d'une population immense provoquerait de nouvelles guerres. L'Emigration marchande sur l'Indemnité : qu'elle se hâte de s'emparer , si elle peut , du milliard , de se le partager , d'en dérober les traces : dans dix ans il ne serait plus temps.

Depuis l'apparition du funeste projet , l'argent se resserre , des murmures s'élèvent de toutes parts : que sera-ce s'il est converti en loi? Le laboureur , à tort sans doute, se croirait menacé du retour des dîmes et des priviléges , l'artisan se dirait tributaire de l'Emigré, le propriétaire verrait dans son privilége un outrage, le rentier une injustice, l'acquéreur une condamnation ; le débit du marchand se ranimerait-il un moment, ce serait bientôt pour dépérir. Heureux les indemnisés s'ils n'étaient vus, dans la grande famille, que comme ces aînés enrichis de l'indigence de leurs frères ! De plus en plus, les impôts se paieront difficilement, les contraintes redoubleront, des plaintes, arrachées par la douleur, paraîtront séditieuses ; de là, de nouvelles rigueurs. Et tous les cabinets ensemble ne pourraient assurer au Ministère actuel un bail de cinq années. Ses successeurs n'hériteront de son *système* d'indemnité que pour le détruire. S'ils sortaient des rangs de la nation constitutionnelle, leur premier devoir serait de foudroyer toutes les indemnités ; mais les expectans à l'Indemnité sont trop puissans pour que les portefeuilles leur échappent. Déjà parties prenantes au trésor, ils prétendront qu'ils ne reçoivent pas assez ; qu'ils doivent être indemnisés de leur attente ; qu'ils sont libérés envers leurs créanciers. Les acquéreurs, qui sont devenus propriétaires en vertu des lois, sont traités, à la tribune, de voleurs.

Paris, la capitale de la civilisation moderne, où la mort même étale tout le faste de la grandeur, le gouffre où tous les capitaux affluent, Paris offre de nouvelles villes aux regards des députés. Quel contraste avec les contrées qu'ils viennent de quitter ! Et il est question aussi de donner à la capitale un entrepôt de commerce qui achèverait d'épuiser l'intérieur : pourtant les coins de la nouvelle monnaie vont nous reproduire, avec l'image chérie de Charles X, ces mots : *Roi de France*, et non pas Roi de Paris. Tous les députés savent bien que, dans les départemens, tous tributaires de la capitale, la masse du numéraire y décroît chaque année d'une manière effrayante ; que le commerce, gêné en outre par l'agiot sur les anciennes monnaies, ne pourra bientôt s'y faire que par la

voie des échanges ; que les bureaux des hypothèques attestent incessamment la détresse des familles , qui déjà
est telle que , même dans de grandes villes, une dot de
20,000 fr. comptant fait événement ; qu'enfin l'usure ,
poursuivie à présent avec vigueur , révèle trop les besoins
de plus en plus croissans.

Les hôpitaux ne peuvent subvenir à la classe indigente,
et on convoite jusqu'au peu de biens qu'ils ont recouvrés.
L'argent manque aux communes pour des réparations
urgentes ; les villes sont obligées de recourir à des emprunts pour des constructions indispensables. L'avenir
est déjà grévé des dépenses immenses qu'exigent les routes
défoncées : nos ports seront bientôt encombrés, parce que
le Gouvernement, dissipant dans un grand nombre les
fonds qui serviraient à en vider quelques-uns , dépense
beaucoup et ne termine rien. Que de besoins publics on
satisferait, que de travaux on exécuterait avec le milliard
de l'Indemnité ! Livré à l'Émigration , quel profit en re-
tirera la chose publique ? Possédée constamment de ses
passions superbes , la Noblesse fera ajouter quelques pa-
villons à ses châteaux, clore des parcs ; elle s'entourera
d'une nombreuse domesticité , étalera son luxe dans les
villes , son orgueil dans les campagnes et jusque dans
les églises ; elle dissipera en fêtes , en plaisirs , des indemnités qui , séduisant des prêteurs , les rendront victimes
de leur confiance ou de leur avidité. Cette classe impro-
ductive corrompra même l'industrie , fatiguée à satisfaire
ses frivolités, et appauvrie de capitaux énormes, nécessaires à des besoins de tous les jours, qu'elle aurait mul-
tipliés en les faisant fructifier , et qui auraient attiré de
l'étranger tant d'autres capitaux.

Partout le commerce et l'agriculture attendent, mais
en vain, l'exécution de ces canaux projetés depuis des
siècles. Le Gouvernement, qui prétend que tout doit se
faire par lui , rend ces projets mêmes onéreux à l'Etat. Il

a créé des emprunts, reçu beaucoup d'argent dont le peuple est obligé de payer l'intérêt, et tous les travaux d'une campagne ne montent qu'à 6,300,000 fr. : encore le tiers de cette dépense est-il pour le canal de Paris. Certes, ce ne sont pas les bras qui manquent. Voyez dans nos villes, dans nos ports, cette multitude d'ouvriers, heureux si chaque semaine leur procurait trois jours de travail. Mais l'administration qui fait travailler si chèrement, repousse le secours de l'industrie particulière par ses devis exagérés. Ainsi elle avait évalué à 4 millions les dépenses de construction du pont du Vé ; et ce bel ouvrage enfin achevé, coûte seulement 2 millions. Dorénavant l'Indemnité et l'Emigration absorberont tous ses soins et l'argent du royaume.

Un exemple : Quel pair, quel député, propriétaire ou élu dans les départemens du Calvados, de l'Orne, de la Sarthe, de la Mayenne, de Maine-et-Loire, etc., n'est pas convaincu avec toute la population, qu'il ne peut exister de prospérité pour ces contrées, si importantes, sans le canal de jonction de l'Orne et de la Mayenne ? Eh bien ! la dépense a été calculée à *six* millions. C'est du milliard de l'Indemnité la *cent soixante-sixième partie*. Six millions procureraient du travail, des débouchés, un commerce actif, une grande industrie, principalement à cinq départemens dont la population s'élève à près de 2,400,000 individus : mais ces six millions vont être partagés, proportionnellement, entre *deux cent dix Emigrés*, et peut-être seulement entre *six Emigrés* (1).

_____

(1) Le projet de joindre la Manche à l'Océan par l'Orne, la Mayenne ou la Sarthe, et par la Loire, fut conçu par Henri IV et adopté par Louis XIV. Une souscription, ouverte depuis deux ans, n'a pu fournir même le tiers des six millions demandés : tant l'argent devient rare. Le Calvados, a dit à la tribune M. de Vaublanc, verse chaque année 16 millions à Paris, et il reçoit en retour à peine 6 millions. Une compagnie qui serait affranchie de la centralisation commencerait par débarrasser

CHAPITRE XVIII.

Des Biens nationaux.

Un milliard, dès le début de l'Indemnité, ne peut pas s'emporter sans qu'on accorde à la nation qui doit le

---

l'Orne des faibles obstacles qui la rendent non navigable de Caen à Argentan. Un bateau à vapeur et d'autres bateaux qu'il remorquerait au besoin, procureraient bientôt des bénéfices tels que les capitaux afflueraient. Trois campagnes suffiraient pour que le canal de l'Orne et Mayenne fût livré au commerce, pour que des marchandises expédiées de Rouen passent, en peu de jours, être débarquées sur le quai de Nantes. Car la ville de Caen doit espérer du commerce, bien plus encore de la navigation supérieure de l'Orne, que du redressement de son embouchure. Mais cette ville, célèbre et belle parmi nos grandes cités, voit sa population ouvrière désespérée par la fabrication du tulle. D'autres ouvrages que la dentelle pourraient y occuper une foule de bras oisifs, si à un quart de lieue n'était pas Beaulieu, maison de correction pour trois départemens. Elle contient près de 600 détenus : on l'agrandit, à bien gros frais, pour qu'elle puisse en renfermer 12 à 1500. Tous les travaux s'y portent de la ville, même des fabriques et des filatures. Honorons-nous de cet esprit philanthropique, une des gloires de notre siècle, qui transforme des prisons en d'immenses ateliers, et qui procure pour correction au vice, au malheur pour consolation, le travail. Mais c'est, le plus souvent, le manque de travail ou l'exiguité de ses salaires qui provoque au crime et au libertinage; et il est dans la masse du peuple, qui lutte incessamment contre la misère, des vertus que dédaigne notre ordre social. Ecoutez les alarmes d'une population honnête et industrieuse, qui ne prévoit que trop bien les maux dont la menace l'agrandissement de Beaulieu. *Hélas*, dit-elle, *il n'y aura donc plus de travail que pour les voleurs!* D'autres villes que Caen éprouvent aussi les effets du voisinage de semblables maisons. La classe ouvrière, sans laquelle il n'y aurait ni commerce, ni industrie, ni armée, a tous les droits à des indemnités, et la seule qu'elle sollicite c'est du travail, pour enrichir la société. On débite, dans de vastes salons, des discours sur le sort du peuple : tout ce fracas oratoire se réduirait bien à un simple colloque. Un artisan : Monsieur, du travail. Un homme puissant : la morale, mon ami. — J'ai faim. — Tais-toi, sinon......

payer quelques consolations, surtout des espérances. Les ukases mêmes contiennent des motifs; le Divan s'adresse aux vrais croyans; notre Ministère s'efforce de trouver des crédules, quoiqu'il éprouve que ceux qui qualifiaient la classe plébéienne de *bonnes gens* ne le sont guère eux-mêmes. Il dit donc qu'un milliard d'accroissement de fortune doit agir puissamment sur l'aisance d'un grand nombre de consommateurs, et accroître ainsi le produit des droits. Personne ne doute que l'Emigré, qui naguère ne s'attendait à rien, et à qui il tombe 28,571 fr. si le partage se fait par tête, sera plus riche d'autant: mais entre l'Emigré qui prend et le Ministre qui espère reprendre, est un tiers, contribuant et n'ayant rien à recouvrer, obligé même à payer les frais de perception et de distribution. Si l'expédition militaire contre l'Espagne a fait baisser, dans l'année 1823, le produit des droits indirects de 12 millions, l'Indemnité, hostile envers les intérêts nationaux, exige dix années, cinq ans pour émettre le papier de son milliard, et cinq ans pour le retirer.

Law manierait encore nos finances, qu'il ne croirait pas « que les taxes sur les transactions et les consommations seront accrues, par l'Indemnité, d'une somme successivement égale à la moitié des intérêts dont elle va imposer la charge au trésor. » D'abord l'état de l'Orient, la situation critique de l'Espagne et du Portugal, surtout la reconnaissance des Etats de l'Amérique du Sud par l'Angleterre, sont autant de présages de guerres prochaines: la Sainte-Alliance elle-même ne peut pas répondre de son existence jusqu'à la fin de 1825. Le Ministre évalue à 39 millions le revenu des immeubles d'Emigrés; ce n'est que la 35ᵉ partie du revenu total des immeubles du royaume, porté aussi par le Ministre à 1,356 millions. Le droit de mutation étant de 6 fr. 30 c. par cent, pour que le Fisc obtienne un million d'accroissement, il faut près de 16 millions d'accroissement dans les mutations. Il est seulement vrai que l'Indemnité exige 3o millions de rente; mais pour se convaincre de l'impossibilité d'en recouvrer la moitié, même 2 millions, sur les droits d'enregistrement, d'hypothèque, de timbre, etc., il suffit d'interroger les chiffres. Quel roulement éprouveraient chaque année tous les immeubles, et surtout les biens nationaux, qui en sont le 35ᵉ! Un Etat qui subirait un semblable bouleversement serait près de sa ruine.

Avant la Restauration, les acquéreurs de biens nationaux, pleins de sécurité, vendaient, échangeaient ces biens dont les décomptes n'étaient pas tous appurés. Alors des *provocations* sont faites, des manœuvres souterraines, sont pratiquées; les amnistiés semblent faire; des Emigrés rentrans, des agens pour travailler l'opinion; de grandes dames parcourent des départemens; l'effroi est parmi les acquéreurs, la division dans les familles. A la tribune, dans mille brochures, on expose les malheurs des *classes privilégiées*; M. le duc de Blacas profère les mots d'*équitable restitution*; un autre ministre vante la *ligne droite*. Ainsi est tracée la course si droite, si rapide et à jamais déplorable, qui ramène de l'île d'Elbe à Paris Napoléon. Seul en présence d'immenses populations, il lui suffit de caresser les craintes qu'on leur a inspirées, de répéter les paroles fatales qui ont retenti partout.

On doit le dire, à l'honneur de la Nation et de Louis XVIII, malgré *ces fautes*, l'opinion publique se confia dans la parole du Roi, qui lui dit alors : *Moi qui n'ai jamais promis en vain;* et cette confiance, que ne put effrayer tout le fracas des projets de la Chambre de 1815, obtint l'ordonnance salutaire du 5 septembre. L'ère constitutionnelle parut alors commencer pour la France si tourmentée et si généreuse; les biens acquis légitimement en vertu des lois atteignirent de nouveau la valeur des autres immeubles. Cependant l'intérêt aristocratique ne cessa de travailler sourdement, partout, à déprécier ces biens : le jésuitisme n'est pas plus fécond en ruses. On ne peut douter que le grand zèle religieux qu'un parti a manifesté incessamment n'ait eu pour but secret d'exciter le Clergé à user de son influence contre les nouveaux possesseurs ; incitations qui, reçues, auraient causé bien des mécomptes à ce parti : elles auraient profité plutôt aux fabriques des églises et à ces deux mille couvens dont la France est déjà dotée.

Les Ministères qui se succédèrent ne sévirent pas contre ces manœuvres que l'impunité enhardit ; ils préparèrent leur chute : heureux si la France n'avait pas à leur imputer l'origine de l'Indemnité. On vit le Ministère public soumettre à la torture de l'interprétation des mots, des phrases isolés ; mais sa loupe sembla lui échapper sur tant d'ouvrages dirigés contre les ventes légales des biens de l'Emigration. Tandis que des affiches annonçaient partout les condamnations très-sévères encourues par des artisans ivres, ou provoqués à pousser quelques cris insensés, on laissait placarder au-dessus : *Ventes de biens de première, de seconde origine, biens patrimoniaux.* Ces distinctions, condamnées par la Charte, devinrent pour les officiers publics une formule consacrée, comme celle qui commence leurs actes. Quels notariats n'ont pas vu accourir, aux annonces de ventes, des émissaires bien pensans, riches de zèle, mais pauvres d'écus, et qui auraient voulu d'un bureau se faire une tribune, afin de proclamer l'instabilité des propriétés vendues par la Nation pour sa défense contre l'Europe !

Depuis 1820, le parti aristocratique marcha de succès en succès ; il poussa ses créatures aux Ministères ; les élections furent violentées, corrompues ; l'opposition constitutionnelle fut décimée ; on n'épargna rien pour préparer l'avènement de l'Indemnité. Ce parti proteste aux pieds du trône qu'il ne demande rien, mais il s'irrite de ce que l'invasion de l'Espagne, qu'il a commandée, oblige de différer l'accomplissement de ses projets : il croit le trouver dans la réduction de l'intérêt de la rente perpétuelle; mais s'a-percevant de sa méprise, il affecte encore des sentimens généreux ; enfin tout le trésor public lui est livré, mais s'il y trouve un milliard, ce n'est pas en or : dissimulant sa joie, il espère avoir plus, et il ne juge pas cette base assez riche pour l'Indemnité. Que lui faut-il donc? Le Minis-tère s'est lancé avec lui dans une carrière sans bornes, car la Charte ne peut plus opposer de barrière, puisqu'elle condamne le projet même des Indemnités.

Cependant est-il vrai que la défaveur avilisse le prix des biens nationaux, qu'ils soient négligés dans les tran-sactions hypothécaires? A Paris et dans les grandes villes où l'opinion a de la force, ces immeubles s'élèvent au pair des biens patrimoniaux; dans les contrées isolées et peu éclairées, la différence est d'un huitième. Dans un bourg fameux par un pélerinage dont la chapelle est desservie par des missionnaires, les laboureurs n'achèteraient pas au denier dix-huit un champ confisqué qui, dans un canton contigu, se vendrait au denier vingt-cinq et trente. On n'oserait pas soutenir l'épreuve du dépouillement des hypothèques et des notariats de départemens éloignés les uns des autres. Partout aussi on trouverait que tous les fonds ruraux ont subi une baisse d'un dixième depuis deux ans. Qui ne connaît ces catégories des électeurs acquéreurs? N'est-il aucun fonctionnaire qui, comme un Romain proscrit, ne puisse attribuer sa destitution à son domaine? Enfin les biens nationaux sont encore affermés aussi chèrement que les autres immeubles. Les produits de ces biens, mal cultivés la plupart depuis des siècles, s'accroîtraient encore, si l'Indemnité, emportée aujour-d'hui comme dédommagement de la perte du fonds, ne menaçait pas d'être plus tard un simple dédommagement des revenus antérieurs.

CONCLUSION.

L'ÉGALITÉ , mais l'égalité du malheur , est ce qui reste à la Nation : l'Indemnité est due à tous , aucuns n'ont droit de l'obtenir par privilége. La cause des désastres de la France fut la Révolution : cette Révolution fut le produit de l'ancien régime : le Gouvernement et les Castes avaient creusé eux-mêmes , et depuis des siècles , l'abîme qui devait les engloutir. Ces Castes fuient, le trône tombe : elles appellent les armes de l'étranger contre leur patrie ; la France est contrainte de repousser l'invasion , et, son territoire délivré, elle court de victoire en victoire , acquiert de riches provinces , fait de nouvelles conquêtes : tout lui est enlevé. L'Emigration avait résisté à Louis XVI qui lui commandait de se dissoudre, à la patrie qui la rappelait, à la loi qui menaçait de la châtier ; une grande partie de ses biens fut confisquée. La confiscation lui avait aussi procuré une partie de ses richesses ; une autre part provenait des faveurs de la Cour, qui avait épuisé le royaume ; une autre de la dépravation , une autre de la dépré-dation ; et depuis dix siècles , la féodalité et ses priviléges avaient concouru constamment à former, à accroître , à étendre encore les biens immenses de la Noblesse et du Clergé.

Des infortunes déplorables mais non inouïes , ont frappé l'Emigration ; tous les maux aussi ont accablé chaque rang de la société. Marchands , laboureurs , propriétaires d'offices , rentiers, créanciers des Nobles , tous sont ruinés , persécutés : sur les champs de bataille trois millions de Français meurent dans les guerres allumées par

l'Emigration ; dans l'intérieur , des milliers de familles
sont incarcérées , sont dépouillées par les Chouans , ou
errantes elles deviennent les victimes de sanglantes représailles. La Noblesse fut décimée sur l'échafaud ; mais
elles n'étaient pas nobles ces myriades de citoyens qui périrent dans les villes assiégées , dans les mitraillades ,
les noyades. On peut en croire le vertueux M. Boissy-
d'Anglas : « La France entière , dit-il devant la Convention , peut attester que , parmi cette foule innombrable de
morts , le plus souvent ils furent pris dans la classe la
plus laborieuse et la plus vertueuse du peuple. »

Enfin le calme succède aux tempêtes : une amnistie
rend à la France les Déportés et les Emigrés. La patrie
réclame le concours de tous les citoyens pour cicatriser
ses plaies profondes. L'agriculture aussitôt fait des progrès étonnans qu'elle doit à l'ardeur de laboureurs libres ,
et à l'intelligence des nouveaux propriétaires ; l'industrie
opère tous les prodiges par les efforts opiniâtres et ré-
glés des classes de l'ancien Tiers-Etat ; les sciences et les
beaux-arts se perfectionnent , s'élancent dans toutes les
découvertes , grâces à ces savans et à ces artistes qui ont
souffert la persécution pour conserver le feu sacré. Sans
doute , les Français rentrés ne restent pas étrangers à cette
glorieuse restauration de la puissance nationale. La Reli
gion, purifiée des abus et des vices qui l'ont souillée si long-
temps, reprend son empire sur les mœurs. Mais on voit,
relégués dans l'obscurité du sanctuaire , ces prêtres qui
avaient bravé des périls de tous les jours pour rester au
milieu des fidèles ; mais, parmi les Emigrés , les plus
distingués s'insinuent dans la Cour impériale , y répan-
dent leurs anciennes traditions ; ils secondent le despotisme , et alors qu'ils méditent de l'exploiter , ils contribuent à sa perte.

A quels titres donc l'Emigration aurait-elle mérité le
privilége de l'Indemnité ? Se prévaudrait-elle de son dé-

vouement à la cause royale ? Elle indiquerait ainsi de quelle source pourrait émaner cette Indemnité. Mais nos pères qui, en butte à la délation, incarcérés, exposèrent leur vie et les restes de leurs biens pour sauver des proscrits, qui entretinrent parmi le peuple l'amour de ses rois, qui sont morts victimes de leur zèle, ont donné des preuves bien plus efficaces de leur fidélité. S'il fut un autre dévouement, la postérité ne croira pas qu'on ait osé s'en énorgueillir devant notre génération qui en a été témoin et victime. Oui, cette génération éprouve un regret, c'est que, poursuivie, offensée par des prétentions injustes autant qu'impérieuses, elle ne puisse pas prouver son estime au nombre, infiniment petit, des Emigrés qui se dévouèrent entièrement pour partager le sort des Bourbons.

Il est un dévouement hypocrite, fanfaron, cupide, que l'Histoire dénonce. Il a été dépeint aussi par des femmes, les meilleurs juges de ce qui est bien, vrai et généreux ; et deux reines l'ont éprouvé dans des époques également critiques. Alors que la France, en proie à la famine, allait être envahie par les armées de l'Europe, et que le dénuement du trésor faisait établir la capitation, Mme de Maintenon mandait au duc de Richelieu : « Il est vrai que le Roi a donné un ordre général pour faire payer tous les courtisans qui, assurant tous les jours qu'ils donneraient leur sang pour son service, ne veulent point payer cette capitation. »—Cette dame écrivait aussi au duc de Noailles: « Combien de fois avez-vous entendu dire : Pourquoi nous laisse-t-on de la vaisselle d'argent ? Le Roi nous ferait plaisir de tout prendre. Depuis que les plus zélés en ont donné l'exemple ; tout est consterné ; on murmure, on plaint au Roi toutes ses dépenses. Où se font ces murmures ? à sa porte. Par qui ? par des gens à qui il a tout donné. »

Mme de Campan raconte que la Reine s'affligea de se

voir abandonnée pour des priviléges perdus , quand ses droits étaient ouvertement attaqués. La Reine disait: « Quand on obtient de nous quelque démarche qui blesse la Noblesse , je suis boudée ; personne ne vient ... On ne veut pas juger les nécessités politiques: *on nous punit de nos malheurs.* » Et Louis XVI , dans le donjon du Temple , écrivit, en présence de la mort : *Je pardonne de tout mon cœur; je prie Dieu de pardonner à ceux qui , par un faux zèle , ou par un zèle mal entendu , m'ont fait beaucoup de mal.*

Pleurer est mieux que de s'indigner de l'audace de ceux qui célèbrent emphatiquement un dévouement funeste à la patrie , funeste au trône, et qu'on sait trop avoir été provoqué généralement par l'orgueil affamé de vengeance , par le privilége , par le besoin de fuir des créanciers , par l'envie de saisir de nouvelles pensions , gagnées dans un voyage de quelques semaines *pour dévouement personnel et pour service de famille.* Quelle confiance pourrait inspirer une Cour *boudeuse* , si de nouveaux dangers survenaient? Il semblerait que ceux qui *murmuraient à la porte* l'auraient ouverte et seraient entrés.

Les chapitres précédens ont donné la *clé* de ces regrets, de ces pertes de faveurs , devenus une partie banale des articles nécrologiques d'un parti. Il est temps enfin que les provocateurs des Indemnités délaissent leurs pancartes ordinaires : l'honneur , l'intérêt aussi de leur cause exigent qu'ils emploient la vérité et non la violence, la bonne foi et non la fraude. Assez de nouveaux Antoines ont secoué l'habit pelé d'un Emigré , et étalé la soutane trouée d'un vicaire : qu'on s'abstienne de promener à la tribune des phantasmagories ; qu'on n'y entende plus d'orateurs plagiaires de M. Roux-Laborie, qui y lut. en 1815 , la lettre d'un curé qui se plaignait de n'avoir pu , depuis quinze jours , mettre le pot au feu. Les temps sont bien changés , depuis surtout qu'un député du Calvados exposait le dénuement d'un chevalier de St.-Louis employé dans le nettoiement de Paris. Cet orateur, s'il l'eût voulu, aurait pu ajouter que sur des routes de son département travaillent comme cantonniers des chevaliers de la Légion-d'honneur.

La dépréciation des biens nationaux provoquée avec impunité par les partisans de l'Émigration, est beaucoup plus factice que la prospérité de nos finances n'est réelle. Les causes de cette défaveur éventuelle sont connues, évidentes ; des moyens contraires et coercitifs l'arrêteraient soudain. Les ventes sont protégées par la prescription, par le fait même de l'Émigration, par le droit, violent il est vrai, qu'il a conféré à la Nation. La Charte est âgée déjà de onze ans ; l'Indemnité n'est pas née encore, et son enfantement épouvante la France, qui aurait moins à appréhender de la discorde. Puissent des joies cupides et des craintes trop légitimes, ne point produire des haines éternelles et épargner à l'avenir des catastrophes ! Excepté le Ministère et d'anciens privilégiés, tous sont convaincus que l'origine des propriétés actuelles restant sacrée, comme la Charte l'a voulu ; comme les budgets en profitent, toutes, confondues dans le grand marché territorial, n'auraient de plus value que celle que la convenance voudrait y mettre. Que faut-il donc pour rassurer tous les intérêts alarmés et pour consolider la fortune publique si imprudemment ébranlée ?

Il approche le jour solennel où Charles X, saisissant sur l'autel la couronne de ses pères, et ne la recevant de personne, va prêter à la Charte, puissance tutélaire de son trône, ouvrage immortel du Roi, qu'inspirèrent l'humanité, la paix, la liberté et la raison, qui sont l'esprit du siècle, un serment inviolable, serment qui retentira dans tout le monde, non pour l'ébranler, mais pour y être répété par l'amour et la reconnaissance. Heureux monarque qui n'aura plus à jurer d'exterminer aucun Français, à entendre les vœux d'un seul Ordre qui réclamait de ses prédécesseurs une protection exclusive! Mais il contemplera la France, échappée à une révolution épouvantable, pour sonder, pour refermer à jamais ses plaies si multipliées, si long-temps saignantes, et que vient de rouvrir un projet malheureux. Ses Ministres, entraînés par les intérêts et les infortunes d'un petit nombre, trop peu instruits des malheurs de tous, et que la plupart d'entre eux n'avaient pas éprouvés, ont pressé la présentation de ce projet aux grands corps de l'Etat; mais l'esprit supérieur du prince s'était proposé de consulter la représentation nationale. une discussion solennelle l'a convaincu des difficultés immenses qui en naîtraient, des effets sinistres d'une réparation privilégiée, qui condamnerait les besoins de tous à plus de souffrances, et semblerait flétrir la Nation restée sur son territoire, appliquée à épurer ses mœurs, à produire toutes les merveilles de l'industrie. Et l'âme généreuse du prince, émue à l'aspect d'infortunes qui, quoique plus rapprochées de lui, n'ont pas été toutes consolées, cherchera pour elles, dans les trésors inépuisables de sa bienfaisance, quelques soulagemens; mais repoussant l'égoïsme et la cupidité insensibles aux malheurs du peuple entier, Charles X répétera ces paroles de son auguste frère, et il les répétera à toujours : « Nous avons considéré la situation de nos finances, patrimoine commun de la nombreuse famille dont nous sommes le père, et sur lequel nous devons veiller avec une sollicitude toute paternelle.... Ce n'est plus qu'au souverain qu'il appartient de secourir une honorable indigence. » Et le vœu du frère de Louis XVI et de Charles X sera réalisé à jamais : *Tous les Français vivront en frères.*

FIN.

12

TABLE.

ERRATA.